循环经济模式下的新疆氯碱化工产业生态效率评价研究

——以新疆天业化工为例

贾卫平 吴 玲 著

中国财经出版传媒集团
经济科学出版社
Economic Science Press

图书在版编目（CIP）数据

循环经济模式下的新疆氯碱化工产业生态效率评价研究：以新疆天业化工为例/贾卫平著. —北京：经济科学出版社，2018.7

ISBN 978-7-5141-9631-3

Ⅰ.①循⋯　Ⅱ.①贾⋯　Ⅲ.①氯碱生产－化工企业－生态经济－经济效率－经济评价－新疆　Ⅳ.①F426.7

中国版本图书馆 CIP 数据核字（2018）第 186165 号

责任编辑：李　雪　赵　岩
责任校对：王苗苗
责任印制：邱　天

循环经济模式下的新疆氯碱化工产业生态效率评价研究
——以新疆天业化工为例
贾卫平　吴　玲　著
经济科学出版社出版、发行　新华书店经销
社址：北京市海淀区阜成路甲 28 号　邮编：100142
总编部电话：010-88191217　发行部电话：010-88191522
网址：www.esp.com.cn
电子邮件：esp@esp.com.cn
天猫网店：经济科学出版社旗舰店
网址：http://jjkxcbs.tmall.com
固安华明印业有限公司印装
710×1000　16 开　14.75 印张　150000 字
2018 年 8 月第 1 版　2018 年 8 月第 1 次印刷
ISBN 978-7-5141-9631-3　定价：50.00 元
（图书出现印装问题，本社负责调换。电话：010-88191510）
（版权所有　侵权必究　打击盗版　举报热线：010-88191661
QQ：2242791300　营销中心电话：010-88191537
电子邮箱：dbts@esp.com.cn）

前　　言

氯碱化工工业是我国重要的基础原材料产业，也是传统的资源转化型产业。氯碱产品广泛应用于国民经济各重要部门，在国民经济发展中具有重要地位。在新疆经济持续快速发展的推动下，新疆氯碱化工产业取得了飞速发展，产业竞争力、技术水平等各个方面有了巨大进步，但是，还存在环境污染严重，资源利用率低，技术创新能力不强，产品结构不合理和市场竞争力弱等诸多问题，如其粗放型经济发展方式并没有发生根本改观，高消耗、高排放、高污染、高投入问题十分突出。如何能够保证氯碱工业的可持续发展已成为新疆氯碱行业迫切需要解决的重大战略问题。因此，大力发展循环经济、实现新疆氯碱化工产业生态化转型已经成为新疆氯碱工业一项刻不容缓、十分重要的发展战略之一。实现新疆氯碱化工产业生态化转型，建设环境友好型、资源节约型产业是新疆氯碱化工工业发展的主要方向。为了促进新疆氯碱化工产业发展循环经济，评估其生态化建设和转型升级，需要使用科学的方法进行综合评价，为新疆地方政府和产业发展提供科学的决策依据。

生态效率通常表述为提供能提高人类生活质量和满足社会需要的竞争性定价商品与服务，同时使整个生命周期的生态影响与资源能源强度逐渐降低到与地球承载能力相一致的水平。其思想核心是以较低资源消耗和较少污染排放生产较高质量的产品，对新疆氯碱化工产业来讲，就是要求产业内企业在产品生产过程中，生产尽可能多的产品，同时使用较少的资源和能源，同时对环境产生影响的较小，实现环境效益和经济效益的双赢，最终实现新疆氯碱化工产业的可持续发展。

本书以我国氯碱化工行业循环经济示范企业—新疆天业为样本，结合新疆氯碱化工工业实际情况，探讨了新疆氯碱化工产业生态效率的内涵。以企业为核心从产业链、物质流和共生网络的视角分析了新疆天业循环模式，建立了新疆天业生态效率测度模型和影响因素分析模型，对新疆天业生态效率进行了科学评价，在此基础上提出了新疆氯碱化工产业生态效率的提升路径。

研究主要从以下几个方面开展并得到以下结论：（1）新疆天业循环经济模式依然存在粗放经营带来的资源浪费问题，使用污染企业治理污染，造成电石渣、盐泥和焦炭粉循环利用程度较低，产业链中的企业污染物叠加排放，这是新疆天业固废污染的主要原因。（2）新疆天业生态效率总体上讲不高，并呈现出波动上升的趋势；尽管提高纯技术效率是提高新疆天业生态效率的重要措施，但规模效率在一定程度上影响了新疆天业生态效率的提高，新疆天业生态效率改进分析表明，新疆天业还存在着较严重的投入拥挤和产出不足现象，即新疆天业还存在较大的节能减排潜力。（3）新疆天业内各企业的管理水平、产业共生体、地方政府管理、生态文化和市场等几个因素对新疆天业生态效率皆具有不同程度的积极作用。从影响程度上分析，企业管理水平、产业共生体两类因素的影响最为明显。然而，外部环境中的生态文化与市场因素对新疆天业生态效率的作用无论是显著性水平还是影响强度都不理想。（4）新疆天业循环经济产业链的稳定性对生态效率有着显著的积极影响作用。新疆天业内各企业的管理水平、产业共生体、地方政府管理、生态文化与市场等几个因素对新疆天业循环经济产业链的稳定性都产生程度不同的积极影响。地方政府对循环经济产业链稳定性的影响在1%的水平下是显著的，说明地方政府在推动新疆天业发展循环经济的进程中起到了关键性作用，地方政府的财政资金支持以及税收优惠等政策对新疆天业循环经济转型升级尤其重要。产业共生体在对循环经济产业链稳定性的显著性检验中在1%和5%的水平下并不显著，在10%的水平下还是显著的，说明新疆天业对经济效益的追求是其发展循环经济最为重要的动因，从新疆天业所应承担的社会责任看来，"企业承担的环境责任感"的重要性程度不是很高，新疆天业循环经济产业链中企业配置不合理，存在使用污染企业治理污染的情况。(5) 市场因素中"废弃物处理后的潜在及现实市场需求"是影响新疆天业循环经济系统转型升级的关键性因素，它在所有市场因素中占据最为重要的位置。(6) "社区居民环境保护意识"这一个因素的影响力并不突出。目前，虽然周围居民的环境意识开始提高，但是居民的环保意识和生态观念还是普遍偏低；然而随着当地居民环保意识的逐步提高，市场对生态产品的需求将会有进一步的改善，这最终将会进一步促进新疆天业符合外部市场需求。(7) 新疆天业生态化技术因素是发展循环经济的前提条件，但技术只是一种工具和手段，有了生态化技术也未必就能使新疆天业成功实现循环经济的转型升级。

目录

第1章 导言 / 1
1.1 选题背景和研究意义 / 1
1.2 国内外研究现状综述 / 5
1.3 本书研究内容 / 33
1.4 本书研究方法与技术路线 / 35
1.5 本书的创新点 / 38
1.6 本章小结 / 38

第2章 相关概念、理论基础与理论分析框架 / 40
2.1 相关概念 / 40
2.2 理论基础 / 49
2.3 理论框架与思路 / 65
2.4 本章小结 / 67

第3章 新疆氯碱化工产业发展简介 / 68

3.1 发展基础 / 68

3.2 发展规模 / 70

3.3 发展模式 / 71

3.4 面临的挑战 / 79

3.5 本章小结 / 81

第4章 新疆天业循环经济发展现状分析 / 82

4.1 新疆天业发展历程 / 82

4.2 新疆天业发展循环经济的优势 / 84

4.3 新疆天业循环经济模式分析 / 86

4.4 新疆天业发展循环经济成效分析 / 107

4.5 本章小结 / 115

第5章 循环经济模式下的新疆天业生态效率评价 / 116

5.1 研究方法选择 / 117

5.2 DEA 模型 / 118

5.3 DEA 模型在新疆天业生态效率评价中的应用 / 120

5.4 新疆天业生态效率评价指标体系设立的依据 / 126

5.5 新疆天业生态效率评价指标体系的构建 / 128

5.6 数据来源 / 133

5.7 新疆天业生态效率评价 / 133

5.8 本章小结 / 145

第6章 循环经济模式下的新疆天业生态效率影响因素分析 / 147

6.1 研究方法选择 / 147

6.2 结构方程模型 / 149

6.3 循环经济模式下的新疆天业生态效率影响因素选择 / 150

6.4 新疆天业生态效率影响因素研究假设 / 152

6.5 新疆天业生态效率影响因素调查问卷 / 158

6.6 新疆天业生态效率影响因素分析模型 / 166

6.7 新疆天业生态效率影响因素分析 / 177

6.8 本章小结 / 179

第7章 提升新疆氯碱化工产业生态效率的路径分析 / 180

7.1 基于企业层面的提升路径 / 181

7.2 基于产业层面的提升路径 / 184

7.3 基于政府层面的提升路径 / 186

7.4 基于公众参与的提升路径 / 188

7.5 本章小结 / 190

第8章 结论与展望 / 192

8.1 主要结论 / 192

8.2 研究展望 / 194

附录 新疆天业生态效率影响因素调查问卷 / 197

参考文献 / 202

第1章

导　　言

1.1　选题背景和研究意义

1.1.1　选题背景

氯碱化工工业的主要产品包括聚氯乙烯、烧碱、盐酸、氯气等，主要用于制造肥皂、造纸、玻璃、塑料、化纤等。氯碱产品种类较多，产业关联度大，其下游产品有上千个品种，它们广泛应用于农业、石油化工、轻工、纺织、化学建材、电力、冶金、食品加工、建材等多个领域，对国民经济的发展具有重大意义。

我国氯碱化工工业创建于20世纪20年代，解放前发展缓慢。中华人民共和国成立以后，随着我国国民经济的发展，氯碱工业也逐步发展起来，特别是随着改革开放以来，市场对聚氯乙烯和烧碱需求的强劲增长，推动了我国氯碱化工工业的高速发展。

自 2002 年以来，我国氯碱化工工业出现了非理性增长，究其主要原因是世界氯碱产能出现了向我国转移的趋势。氯碱化工工业是高投入、高能耗、低附加值，高污染的行业。迫于环境保护和资源压力，世界其他地区逐步减少氯碱产品的产能，同时我国市场对氯碱化工产品需求强劲、并且环境和资源成本较低，因此成为世界氯碱产能转移的目标，推动我国进入了氯碱工业快速发展，各地政府掀起氯碱化工投资热潮。氯碱化工工业符合高固定资产投资、高就业和高 GDP 的政府价值取向，因此发展氯碱工业成为各地政府振兴本地经济的重要手段。在各级地方政府支持下，全国纷纷上马大型氯碱化工项目，尤其是中西部具有煤炭资源、石灰石和盐矿资源的地区，更是将氯碱化工工业作为发挥本地资源优势的支柱产业发展。

截至 2014 年，我国约有 400 多家氯碱化工企业，烧碱产量 3 180.20 万吨，聚氯乙烯产量 1 629.61 万吨，与 2005 年相比分别增长 570.8%、398.7%，我国已经成为世界最大氯碱产品的生产国和消费国。但我国氯碱化工产业的经营模式大多还停留在"原料使用→氯碱产品生产→产成品销售"的阶段。随着我国氯碱化工工业对资源需求的持续上升，受管理体制和技术水平等多种因素的制约，高能耗、高污染、高排放的发展模式并没有转变，在现有发展模式下，企业所面临的资源与环境压力将会继续增大。

氯碱化工产业作为新疆经济发展的重要基础产业，目前已经成为是全国氯碱化工产品产能最大的省份，是新疆地区实现经济高速增长的重要保障之一，也是新疆经济和社会发展水平的重要标志之一。传统的氯碱化工工业生产 1 吨烧碱需消耗电 2 296 千瓦·时，需消耗一次性水 24.3 吨，消耗循环水 41.5 吨，消耗原盐 1.539 吨；生产 1 吨聚氯乙烯需消耗电石 1.500 吨，消耗水 290 吨。新疆总体来说煤炭、石灰石和原盐资源丰富,但是水资源十分缺乏,而氯碱化工行业在生产过程中要消耗大量的水资源,在水资源日渐枯竭的压力下,氯碱化工行业的发展与资源有效利用显得更为重要。氯碱化工工业是化学工业"三废"排放的主要源头之一,也是对环境污染比较大的一个行业,氯碱化工工业排放的"三废"数量大、污染物多。据初步统计,2014年氯碱全行业年污水排放量为 2.5×10^8 吨;年废气排放量为 $3\,167 \times 10^9$ 立方米以上;年废渣排放量为 12×10^6 吨以上。氯碱工业年"三废"排放量占我国化学工业"三废"总排放量比例分别是:废水占 1.2% ~ 1.3%,废气占 8.6% ~ 10%,废渣占 4.6% ~ 5.7%。环境保护问题已成为制约氯碱化工工业可持续发展的决定性因素。近年来,由于新疆经济的持续快速发展,使得新疆氯碱工业产能急剧增长。这不仅使氯碱产品供需关系发生了变化,呈现出严重供大于求局面,同时也带来了资源、能源的短缺,污染物超标排放对新疆脆弱的生态环境造成了严重的影响①②③。

如何解决环境、资源与经济快速发展之间的矛盾,是当前新疆氯碱化工产业面临的难题。党的十八大提出"大力推进生态文明建设",推动资源利用方式根本转变,全面促进资源节约,大幅降低能源、水、土地消耗强度,节约集约利用资源,提高利用效率和效益。促进生产、流通和消费过程的减量化、资源化、再利用,发展循环经济。在这种背景下,作者认为只有建立产业生态化发展观念,才能从根本上解决我们面临的难题,采用循环经济的发展模式促进传统的氯碱化工产业提质增效和转型升级,才能保证新疆氯碱

---

① 张新力. 中国电石法聚氯乙烯的发展与挑战 [J]. 中国氯碱, 2010, 2: 1-3.
② 张萍, 李全胜. 电石法 PVC 发展的挑战和思路 [J]. 聚氯乙烯, 2014, 4: 12-17.
③ 楚中会. 新疆天业在电石法聚氯乙烯聚合行业的创新和发展 [J]. 石河子科技, 2015 (5): 26-28.

化工产业发展走上能源低耗、环境低污染、经济高效、社会和谐的可持续发展道路。

1.1.2 研究意义

1. 理论意义

本书拓展了生态效率研究的理论与方法体系，目前国内外文献对于生态效率的研究很多，主要集中的研究重点在生态效率评价理论和生态效率评价方法上，而理论和实践的应用主要集中在区域层面、园区（产业）和企业。具体来说，生态效率的研究理论与方法虽然较多，但是有许多理论与方法之间并没有紧密地结合，有些方法之间相互还有矛盾，并且，研究新疆氯碱化工产业生态效率也鲜为人见。这些表明对生态效率还有很大的研究空间，在新疆氯碱化工产业方面的生态效率研究的方法还有待完善，研究的理论体系有待发展。尤其是结合新疆氯碱化工产业的实际情况，评价新疆天业氯碱化工产业层面的生态效率，将理论与方法进行有机的结合，厘清相关理论与研究方法的脉络，对新疆氯碱化工产业生态效率评价研究体系进行扩展和完善，构建新疆氯碱化工产业生态效率评价的理论体系，为综合评价新疆天业氯碱化工产业生态效率提供科学的研究思路。

2. 实践意义

本书以全国循环经济示范企业，全国最大的氯碱化工企业新疆天业（集团）有限公司为例探讨了新疆氯碱化工产业生态效率的内涵，建立了循环经济模式下的新疆天业生态效率测度的评价指标体系，提出了新疆天业生态效率的定量化测度模型以及生态效率影响因素分析模型，总结出了新疆天业生态效率的提升路径。为新疆氯碱化工产业发展循环经济转型升级提供理论方面的指导。通过对新疆天业生态效率的评价能够为新疆氯碱化工产业的管理工作提供指引和方向。通过采用结构方程模型对新疆天业生态效率的影响因素进行实证分析，在管理决策中采取针对性措施为提升新疆氯碱化工产业生态效率具有现实指导意义。

总之，本书的研究对于新疆氯碱化工产业的循环经济可持续发展及其转型升级具有较强的应用价值和实践意义。

1.2 国内外研究现状综述

1.2.1 氯碱化工产业循环经济研究现状

循环经济思想可以追溯到20世纪60年代，美国生态学家卡尔逊（Carlson）在《寂静的春天》一书中指出人类社会以及自然生态系统所面临的危险。美国经济学家波尔丁（Paulding）在60年代首次提出了"循环经济"一词，主要是指在资源能源投入、产品生产及其消费过程中，把依赖资源消耗的线形经济增长方式转变为资源循环经济发展的方式。循环经济的初期代表思想是"宇宙飞船理论"，内容大致是：地球像是在太空中飞行的宇宙飞船，需依靠不断消耗自身有限的能源，人类社会如破坏自然环境，不合理开发利用资源能源就会像宇宙飞船那样自我毁灭。所以，我们从宇宙飞船理论得出一种新的经济发展方式：即改变传统的"增长式"经济为"储备式"经济，建立不会使资源消耗枯竭，又不会造成生态破坏和环境污染，循环使用各种物质的"循环式"经济发展方式，替代传统的"单线式"经济发展方式。

氯碱化工产业是典型的资源转化型行业，污染比较严重，并且很多氯碱化工企业的技术含量和产品附加值较低，仅以初级产品为主。根据氯碱化工产业自身生产的特点，在生产过程中会产生相应的废弃物和副产品，而这些废弃物和副产品，可能是其他企业的原材料。

1. 循环经济产业链

目前对氯碱化工产业循环经济产业链研究主要沿着氯化氢、氢、氯和电石渣等废弃物和副产品为主线进行回收再利用，实现行业的耦合，企业的减量化，资源的综合利用和能量的梯级利用。并提出综合性环境保护对策对氯碱化工产业及其延伸的产业链条可能产生的环境问题，防止在延伸产业链条后可能对环境造成的不利影响，进而协调环境保护与经济增长的关系。

在现有理论和实践基础上，一些学者对氯碱化工产业循环经济产业链进行了系统的研究。张新力（2013，2010）、恺峰等（2010），周军等（2010，2007，2006，2005）、安志明等（2008）、梁诚（2006）等分析了新疆天业发展以氯碱为核心的生态产业，以新疆地区丰富的煤、原盐、石灰石资源为基础，形成了一条以废弃物利用为核心的煤电—氯碱化工—水泥生产—建筑循环经济产业链。葛文（2010）以新疆天业集团（有限）公司的循环经济为例，对构建以氯碱化工企业为核心的产业生态系统进行了研究。周兵（2010）以四平昊华氯碱化工有限公司为例，提出了产业链设计方案，并对产业链延伸产生的环境问题提出了对策。胡荣（2012）研究了乌海市氯碱化工企业的煤—电—特色冶炼和煤炭—电力—氯碱化工企业循环经济产业链。罗云（2013）研究了氯碱化工企业间通过构建产业链的发展模式，并对企业发展循环经济进行了实证分析。费红丽等（2014）分析了国内外氯碱化工产业发展现状，得出国内氯碱化工产业发展战略—发展产业集群化和整合资源，并介绍了化工产业集群的生态链网络。

2. 产业共生

产业共生的思想来源于自然生态系统中的生物共生形式。科特等（Cote et al., 1995）认为"产业共生是不同企业间的合作关系，实现环境保护和资源节约的目的，通过合作提高企业的获利能力和生存能力，产业共生表达了企业因相互利用废弃物和副产品而发生的各种合作关系"。洛伊等（Lowe et al., 1995）认为"企业间通过资源利用和环境管理方面的合作，来提高经济和环境效益，使总收益大于所有个体收益之和，这样的服务和生产群体就是产业共生"。在1996年，美国总统可持续发展委员会提出："产业共生是企业群体的相互合作，并与当地社会和谐相处，实现对资源、能源、信息和基础设施等的有效共享，提高了企业群体的经济效益和环境质量"。产业共生是企业间有计划地进行能源和原材料的交换，减少资源和能源消耗，降低废弃物排放量，建立了可持续发展的生态、经济和社会关系。产业共生可以实现企业间的能量、物质、副产品和废弃物的交换使用，通过副产品或废弃物的利用减少了原材料投入提高了企业的竞争优势，减少了温室气体的排放，缓解全球变暖的趋势。产业共生可以实现资源和能源的可持续利用，是实现环境与经济的"双赢"的重要途径。

产业共生可以促进循环经济的发展，为循环经济产业链内任何一方带来收益，它不仅是共生单元之间互惠共存的自然选择，更是一种共生单元在各种利益驱动下稳定运行的循环经济发展模式。目前国内在氯碱化工产业共生方面的主要研究有：闫海清（2011）规划氯碱化工产业共生网络并对其运行情况进行评价，研究了氯碱化工产业共生网络模式。赵涛等（2011，2010）研究认为氯碱化工生态工业园发展循环经济进行废弃物和副产品的交换利用，是实现可持续发展的重要途径，形成工业共生网络链。苏发东等（2009）分析了甘肃省白银地区建立的氯碱化工、稀土化工、石油化工等产业共生网络链，利用石油、电、电石资源、煤，发展氯碱化工—氯化稀土—甲苯二异氰酸酯—烧碱和聚氯乙烯产业，并带动建筑业和水泥产业的发展。于成学等（2007）、刘德玉等（2008）、王志刚等（2009）研究了山东鲁北生态工业系统拥有的磷铵—硫酸—水泥联产，海水一水多用，盐—碱—电联产等三条产业共生网络链，形成了资源共享的生态工业模式。任连保等（2006）、周贤国等（2007）研究了中平能化集团利用岩盐、煤和水等优势资源，通过共生产业构成能量和多种物质链接的生态共生网络链，发展核心产业及相关产业群形成工业共生生态群落。

3. 循环经济模式

就环境与社会关系而言，经济社会经历了三种发展模式，传统经济发展模式、末端治理模式、循环经济模式。传统经济是"资源能源—产品生产—排放污染物"单向流动的线性经济，"高开采、低利用、高排放"是其特征。末端治理模式强调在生产过程的末端治理污染，其特征是"先污染、后治理"。末端治理成本高，技术难度大，而且难以遏制生态恶化，生态效益、社会效益和经济效益的预期目的都很难达到。循环经济模式是合理利用环境容量和自然资源，在不断循环利用物质的基础上，使社会经济系统融入自然生态系统的物质循环的当中去，实现社会经济活动生态化。它主张的是一种环境与经济和谐发展的模式，遵循"减量化、资源化、再利用、再循环"的原则，反复利用副产品和废弃物，是一个"资源能源—产品生产—再生资源"的反馈式闭环循环过程，实现从"废弃物排放"到"环境净化"到"废弃物和副产品利用"的过程，达到"适度消费，最优生产，减少排放"。

氯碱化工产业的循环经济模式是指产业根据自然生态的有机循环原理构建运行的模式，在不同类别的产业、不同的工业企业之间建立循环经济产业链关系，从而达到减少废物产生，物质循环利用，充分利用资源，消除环境破坏，从而提高产业经济发展的质量。目前在氯碱化工产业的循环经济模式方面的主要研究有：赵冠民（2013）将资源利用、清洁生产及可持续发展等理念融为一体，从源头对环境和资源进行控制，提高资源配置效率。李艳（2010）对国内外氯碱化工企业发展循环经济的典型模式进行分析和归纳，以新疆天业为例提出了适合我国国情的氯碱化工园区循环经济发展模式。郭娟（2008）通过研究认为氯碱工业作为新疆化学工业的重点行业，排污量大、资源消耗多、可持续发展能力差，循环经济模式是促进新疆氯碱行业向生态化发展的重要途径。梁诚（2007），任连保等（2006）对我国氯碱化工产业循环经济运行模式进行了分析，提出了几种循环经济模式。周军等（2005），恺峰等（2011）分析了新疆天业的循环经济模式，提出了煤、电、盐一体化发展的氯碱化工产业发展模式。

4. 循环经济评价

以物质循环和提高生态效率为特征的循环经济为经济社会的可持续发展提供了一条路径。如何评价循环经济的发展水平，也就是应该由哪些指标来表征循环经济的发展程度，是一个关系到如何建设循环经济理论评价体系的重要课题。

对氯碱化工产业循环经济评价是涉及经济、社会、环境等多方面问题的总和评价过程和方法，由于不同氯碱化工企业的循环经济发展的边界条件不同，应在完善指标体系的基础上，构建数学模型对氯碱化工产业的循环经济发展水平进行定量评价。赵涛等（2011）从物质减量化、污染物排放控制、生态环境、园区管理和废弃物和副产品再循环等几个方面选取评价指标，使用模糊综合评价法和层次分析法对氯碱化工生态工业园的循环经济进行了评价。陈祖群（2010）在总结文献的基础上，建立循环经济指标层次结构，使用层次分析法对新疆循环经济发展水平进行评价，得出新疆循环经济发展水平处于初期的论断。许乃中等（2010）利用灰色聚类和模糊数学方法分别构建了循环经济发展水平评价模型，建立了基于生态效率的物质流分析的循环经济发展水平评价指标体系。李艳（2010）采用层次分析法（AHP）并根据专家意见确定指标体系权重，在能值分析和指标标准化基础上，采用评价模型对新疆天业循环经济发展的各类评价指数进行了测算。李彩红（2007）将循环经济评价指标体系分解五个指标：污染减量排放、资源减量化利用、循环经济发展能力、产业结构和资源再循环与再利用指标，各个指标的权重使用专家打分法确定，利用逐层加权方法评价氯碱化工企业循环经济发展水平。

当前循环经济发展水平评价指标大多从环境、资源、经济、社会四个方面选取指标，主要采取模糊综合评价法、层次分析法、灰色关联度法、主成分分析法、物质流分析等。当前对氯碱化工产业循环经济发展水平的评价还没有进行深入的研究，而对氯碱化工产业循环经济水平的综合评价是政府决策部门在推进循环经济发展过程中重要的决策工具，也是促进公众参与地方循环经济发展的信息来源。

1.2.2 生态效率研究现状

1. 生态效率概念研究

效率本身是个经济学理念，它体现的是成本与收益之间的关系，效率是企业经济活动所追寻的价值取向之一。在生态平衡的前提下，效率追求的是资本和劳动之间的生产效率，即经济效率；而在资源能源相对匮乏的前提下，发展经济需要我们关注资源和环境之间的生产效率，即生态效率。

（1）国外研究现状。

加拿大科学委员会最早在 20 世纪 70 年代提出了生态效率的理念。德国学者斯图姆（Sturm）和沙尔泰格（Schaltegge）在 1990 年提出了生态效率的概念，他们解释生态效率是经济增加值/环境影响的比值。生态效率来源于英语的 eco-efficiency，其中 eco 既是经济学 economy 的词根，又是生态学 ecology 的词根，efficiency 有"效率、效益"的含义。生态效率兼顾生态和经济两个方面的效率，促进企业、产业和区域的可持续发展。

世界可持续发展工商理事会（1995）在提交的报告中也提出了"生态效率"的概念，解释"生态效率提供有价格竞争优势的、保证生活质量和满足社会要求的产品或服务，同时并能逐步减少服务或产品生命周期中的生态影响和资源消耗强度，其降低程度要和地球承载能力相适应"。经济合作与发展组织（1998）将这个概念拓展到工业企业、其他组织以及政府，解释生态效率为"生态资源是满足社会要求的效率"，它是经济产出/各种投入的比值，其中"经济产出"是指经济体提供产品和服务的价值，"各种投入"则指由经济体造成的各种环境压力。欧洲环境署在环境报告中指出生态效率是统筹考虑环境、社会和经济等三方面因素，把生态效率定义为较少的投入获得更多的收益，并使用生态效率指数来度量宏观层面的可持续发展能力，同时指出生态效率来自对经济发展与资源利用和污染排放分别度量。其他国际组织机构也对生态效率给出了定义。巴斯夫集团解释生态效率为尽可能使用较少的资源和能源，在生产产品过程中尽可能减少污染物排放；加拿大工业部解释生态效率就是使用尽量少的资源能源同时创造尽可能多的效益，即效益最大化与成本最小化；国际金融公司解释生态效率就是使用高效率的生产工艺进而提高资源能源的可利用性。

以上是一些机构和组织对生态效率的定义和解释，其中世界可持续发展工商理事会和经济合作与发展组织这两个组织给出的解释和定义影响最大。国外的很多专家学者也从不同视角给出了生态效率的定义和解释，其中具有代表性的是：迈耶等（Meier et al.，1997）通过研究认为生态效率描述了收益和其缺点之间的关系。收益是降低环境影响所带来的非经济收益，也可以是指经济上的收益，而缺点指的是经济成本或环境影响。德西蒙等（Desimone et al.，1998）研究认为生态效率是指在经济不断发展的条件下，实现经济效益和环境效益的最大化。莱尼等（Lehni et al.，1998）研究认为生态效率是环境保护与经济发展的结合，经济的可持续发展必须要把经济与环境结合起来，具体地说，用较少的资源，创造更多的财富，生态效率是耗少产多。沙尔泰格等（2000）研究认为在一定产出条件下投入更低，或者在一定输入条件下产出更高，那么一个公司或产品就更有效率，在这种前提下，产出包括福利增加和生活质量改善，商业利润的提高等。相应地，输入包含自然资源使用，环境损害和费用支出。马勒等（Muller et al.，2001）提出了生态效率的计算公式：生态效率 = 经济绩效/环境绩效，经济绩效用经济增加值或净经济增加值来表示。肖尔茨等（Scholz et al.，2005）认为生态效率是企业生态环境保护的一个重要理念，他们使用企业经济绩效增加值和环境绩效增加值之间比值来体现生态效率。黑尔韦格等（Hellweg et al.，2005）根据生产系统投入的资源能源和其对环境造成的不同影响，解释生态效率为相关成本（投入的资源能源）与环境影响因素之间的比率，但这种评价方法仅适合于原材料选择等这样一类问题。

综合国外对生态效率的定义可以看出：所有对生态效率的基本理念都是一致的，即用最小的资源消耗，获得最大的经济产出。

（2）国内研究现状。

国内研究人员在国外理论方法基础上，提出了一些符合我国社会经济发展的生态效率理论。王金南（2002）研究认为生态效率是管理与技术的理念，生态效率力求最大限度地提高资源使用效率，最大限度降低污染物排放和资源消耗。周国梅等（2003）用投入和产出的比值来体现生态效率，定义生态效率为满足人类需求的资源利用效率。汤慧兰等（2003）研究认为生态效率是指满足生活质量和需求的，提供有价格竞争优势的产品和服务，并相应降低产品的生命周期和服务的生态影响和资源强度。诸大建等（2005）研究认为表示经济增长与环境压力的分离关系，生态效率是经济发展和资源环境消耗的比值。戴铁军等（2005）把生态效率描述为单位产出的污染物排放量、原材料消耗和能源消耗量。吕彬等（2006）将宏观层面上的生态效率应用到中观和微观的管理与发展规划中，他们研究认为生态效率是经济效率与环境效率的统一。丘寿丰等（2007，2008）研究认为生态效率的提高是发展循环经济的目标，并构建了适合测度我国循环经济发展水平的生态效率评价指标体系。李虹等（2011）研究认为提高生态效率可以促进经济社会可持续发展，在服务与产品生产中实现资源和能源消耗的最小化。刘丙泉等（2011）研究认为生态效率是评价区域经济可持续协调发展的重要指标，是在发展区域经济过程中有效利用资源、减轻环境压力等所产生的效率。吴小庆等（2012）研究认为生态效率是指引产业可持续发展的重要管理工具，将生态效率思想引入农业生产，可以协调农业生产的经济效益和环境效益，减少农业生产对环境造成的污染。张雪梅等（2013）通过研究认为生态效率的本质是创造产品和服务的价值最大化，同时能源和资源消耗最小化。

我国研究文献对生态效率的研究主要体现在以下这几个方面：①诠释生态效率的概念；②在我国政府大力提倡发展循环经济的前提下，发现和找出循环经济和生态效率的结合点和关系；③研究生态效率在我国循环经济发展中的实践应用，如区域循环经济发展或生态工业园区的建设、循环经济模式的建立以及循环经济评价指标体系的提出等；④与其他研究方法相结合深入研究资源、环境和经济发展的互动关系等。虽然国内研究文献对生态效率的定义和内涵的表述有所不同，但从其定义和内涵的描述中可以看出，他们都认为生态效率是产生的价值量与消耗资源能源的实物量的比率，可作为减少环境压力和物质减量化的重要分析工具，体现社会经济的可持续发展。

2. 生态效率的理论研究

生态效率的相关经济理论研究开始于资源、经济发展、人口和环境问题。工业化国家当时的环境污染不断加剧，社会各界开始对传统经济发展方式提出了质疑，为摆脱当时社会面临的资源环境问题而提出的一种生态经济理论，通过研究经济活动与生态环境之间的相互联系，找出生态经济系统平衡发展的内在规律，目的为经济发展和保护生态环境提供科学的理论方法。因此，生态经济理论的产生是经济与生态矛盾相互作用的结果，是社会生产力发展到一定阶段的产物。

同时，一些专家和学者提出了一些具有代表性的思想与观点。阿瑟·庇古（Arthur pigou）在1932年就指出污染物排放具有外部性的理念。美国经济学家肯尼思·波尔丁（Kenneth Boulding）在20世纪60年代中期提出了《宇宙飞船理论》，指出地球只是太空中的一个宇宙飞船，它的有限资源将很快会被经济与人口的不断增长消耗殆尽，消费和生产过程中所产生的废弃物将会污染飞船。罗马俱乐部在1972年出版了《极限的增长》，首次提出经济零增长的理论，以数学模型和经济理论证明了地球的容积是有限度的，人类生产活动的扩张也应该有限度，并对整个世界进行了研究，揭示了经济发展、污染、人口以及资源消耗与粮食生产等之间的相互联系，揭示了资源的稀缺性与人类社会经济发展无限性之间的矛盾，提出了改变传统的价值理念，必须转变经济发展方式。美国学者莱斯特·布朗（Lester Brown）在1972年提出了生态中心论的观点，他认为生态环境是发展经济的基础，发展经济应服从于生态保护。他在1981年又出版了《可持续社会的建设》一书，首次提出了"可持续发展"的理念。此后这一概念得到了社会广泛的认可和应用，并逐步成为经济社会发展追求的重要目标。

关于经济发展与生态环境的有关文献有很多，但绝大多数主研究要是实证分析，并且大多研究认为技术进步是解决生态环境污染的主要手段，研究框架是新古典经济理论，研究的视角均认为环境是从属于经济的。

国内关于生态效率的经济理论研究始于20世纪80年代初，许涤新指出在经济发展与生态平衡之间，占主导的是生态，因为一旦破坏生态平衡，都会影响经济发展。马传栋的《生态经济学》和姜学民的《生态经济学概论》的相继出版，成为我国生态经济理论产生的重要标志。1989年出版的刘思华的《理论生态经济学若干问题研究》和马传栋的《资源生态经济学》与《城市生态经济学》标志着我国生态经济学研究取得了长足的进展，建立起了具有中国特色的理论体系，促进了我国经济的可持续发展和生态环境保护，并对国家的经济政策产生了积极的影响。

在我国徐嵩龄首先提出并定义了"理性生态人"的概念；徐媛媛分析了"生态人"应具有的特征，并提出"生态人"的人性假设；刘家顺等提出"生态经济人"的假设并用于企业利益性排污治理行为的博弈分析。

1.2.3 生态效率评价方法研究现状

目前关于生态效率评价的方法很多，根据评价视角的不同、评价层面的不同、评价对象的不同，采用的研究方法也不尽相同。研究方法的选择主要和生态效率评价的对象和目的有关。一些组织和部门根据生态效率的内涵和定义来对生态效率的评价方法进行归纳总结，国际上一些大型企业集团根据自身的生产经营特点制定生态效率的评价方法。国内外关于生态效率评价的方法总结如下。

1. 比值计算方法

虽然生态效率的定义各不相同，但是在具体的计算中基本都涉及经济价值和环境影响两个方面。因此，经济价值和环境影响的比值被很多学者引用作为测量生态效率的方法。

经济合作与发展组织认为可以测量宏观层面的生态效率，其测量结果取决于输入和产出指标的选择，用公式（1-1）表示为：

$$生态效率 = \frac{产品或服务的价值}{环境影响} \quad (1-1)$$

世界可持续发展工商理事会认为可以使用产品或服务的价值与环境绩效的比值评价生态效率，其评价方法的选择取决于利益相关者的决策需要，因此用公式（1-2）表示为：

$$生态效率 = \frac{产品或服务的价值}{环境影响} \quad (1-2)$$

芬兰国家统计局及坦佩雷大学提出了具有芬兰特色的生态效率测量公式（1-3）：

$$生态效率 = \frac{生活质量的改善}{自然资源的消耗 + 环境损害 + 经济消耗} \quad (1-3)$$

日本工业环境管理协会分别制定了评价企业和产品生态效率的标准，其中企业的生态效率用销售额和环境压力的比值来表示，产品的生态效率用产品价值和环境压力的比值来表示。

沙尔泰格等（2000）认为生态效率是经济产出与环境影响增加量的比率，用公式（1-4）表示为：

$$生态效率 = \frac{经济产出}{环境影响增加量} \quad (1-4)$$

一些学者从生态效率的定义和内涵出发，提出了相反的生态效率评价方法，马勒等学者（2001）提出了将评价生态效率的方法表示为环境影响和经济产出的比值，在2003年联合国贸易和发展会议有学者也提出了反向的生态效率评价方法。2004年在荷兰莱顿召开的国际会议上一些学者就提出改善环境绩效所付出的成本，与环境成本相关联的经济增长和价值产出与环境绩效增加值的比率都可以作为评价生态效率的方法。哈普斯（Huppes，2007）研究认为生态效率存在不同的变化，在改善技术的前提下，环境绩效为负值，生态效率的比值也为负。有些情况下，改善环境绩效不一定会增加投入的成本，反而会降低生产成本，这种情况下，环境成本效率为负，说明生态效率比值不是越高越好，也可能越低越好。

2. 指标评价方法

世界可持续发展委员会提出了一般性环境指标和备选环境指标，其中一般性环境指标是指能量消耗、温室气体排放、破坏臭氧层物质的排放、水消耗和物质消耗；两个备选环境指标是指酸化气体和废弃物总量排放。联合国国际会计和报告准则列举了五个生态效率指标，包括初级能源消耗量/增加值、固体和液体废弃物量/增加值、臭氧层气体排放量/增加值、气体排放量/增加值、用水量/增加值等。联合国贸易和发展会议推荐了五个排放环境指标，包括不可再生能源消耗、温室气体排放、固体和液体废弃物、破坏臭氧层物质的排放和水资源消耗等。小林（Kobayashi，2005）用生命周期评价法和质量功能发展法对冰箱和吸尘器两产品分别测量其对环境的影响，而后使用 Factor x 图表来表现这两个产品的生态效率。霍夫伦等（Hoffren et al.，2001）构建了潜力生态效率、人文生态效率、社会生态效率、生产生态效率和工业生态效率等五个经济创造福利的生态效率度量指标，包含第一个指标为新构建的福利评价指标，后四个指标是采用现有指标。达尔斯特伦（Dahlstrom，2005）运用了资源效率、资源生产率和资源强度三大类 11 项指标对英国铝业和钢铁行业的生态效率进行了测度。科特等（2006）以加拿大的 25 家中小企业进为例，构建了生态效率评价指标体系。

国内目前有许多关于生态效率评价指标的相关研究文献，周国梅等（2003）研究了我国工业生态效率评价指标体系，分析了原材料强度指标、污染物排放指标和能源强度指标；并在此基础上建立了循环经济评价指标。丘寿丰等（2008）借鉴了德国环境经济账户中生态效率指标，建立了生态效率评价指标体系，包括原材料消耗、水消耗、土地使用、废水排放量、能源消耗、二氧化硫排放量、劳动总量等。戴铁军等（2005）构建了能源效率、环境效率以及资源效率指标来分析评价我国钢铁企业的生态效率。商华等（2009）根据环境维度和经济维度，建立了以生态环境发展水平、生态经济发展水平、生态效率指数和生态园发展水平为基础的生态效率评价指标体系。

3. 物质流分析法

小泽等（Seiji et al.，2004）使用六个物质循环指标：已用产品再生使用率、直接物质投入、物质使用时间、物质使用效率、国内生产过程排放、已用产品再生率从物质流分析的角度研究了社会物质代谢循环指标。盛冈（Morioka，2005）采用生命周期分析法和物质流分析指标对废旧家用电器和汽车的循环回收系统的生态效率进行了度量。

丘寿丰（2007）分析了物质流循环指标，他认为直接物质投入和国内生产过程排放在抑制资源消耗和减少环境负荷上密切相关，因此在评价循环经济发展水平时应该使用基于直接物质投入和国内生产过程排放的生态效率指标。

4. 生态足迹法

20世纪90年代加拿大资源环境生态学教授里斯首次提出生态足迹的概念，这种评价方法通过计算一定区域内的消费以及吸收废弃物排放所需要的生态生产性面积，并与该区域能够提供的生态生产性面积比较，来评价区域经济的可持续性发展。生态足迹能够不断地提供资源能源或消化废弃物的、具有生物生产能力的特定地域空间，其具体含义为维持国家或一定地区的生存需要或指能容纳社会所排放的废弃物、具有生物生产能力的地域面积。在生态足迹中，各种资源和能源消费被设定为林地、耕地、建筑用地和水域等多种生产面积类型[1][2]。

我国也有很多学者采用生态足迹法来研究生态效率。李兵等（2007）在测量模型中引入生命周期评价的方法，评价了成都一些企业的生态效率和生态足迹。王菲凤等（2008）采用生态足迹成分法效率测量模型，评价了福州大学城校园的生态效率和生态足迹。黄娟等（2010）采用生态足迹法对若干上市公司的财务生态效率进行了评价。李斌等（2011）分析了饭店污染物排放的特点，采用生态足迹法效率测量模型评价了若干饭店的生态效率和生态足迹。芮

---

[1] Hukkinen J. Eco-efficiency as abandonment of nature [J]. Ecological Economics, 2001 (38): 311-315.

[2] Pattersona T M, Niccoluccib V, Bastinaonib S. Ecological footprint accounting for tourism and consumption in Val di Merse Italy [J]. Ecological Economics, 2007: 3-4.

俊伟（2013）使用生态足迹理论来研究工业园生态效率，建立了工业园生态效率评价和分析模型。季丹（2013）使用生态足迹方法测度区域生态效率，以2007年截面数据为样本，测量和分析了我国30个省区的生态效率。

5. 能值生态效率分析法

奥德姆等（Odum et al., 1982）创立了能值效率分析方法。这种分析方法使用太阳能值转化率标准将不同类别、不同能质的能量变换为统一标准值，以太阳能为标准，对各种不能直接进行比较能量进行了测量和比较分析。这个理论建立以来，被广泛应用于从农业、工业到工业产业园、城市复合体等各种类型的生态经济系统。张芸等（2010）将能值分析方法引入了我国的钢铁产业，对钢铁工业产业园区的可持续发展进行了评价。通过对货币流、信息流、能量流和物质流能值分析的综合衡量，使系统达到最大的生态效益、社会效益和经济效益。逐渐被一些学者应用于评价生态效率。李名升等（2009）采用物质流分析法并结合能值分析法构建了生态效率评价分析模型，评价和分析了吉林省的生态效率。郭晓佳等（2010）利用甘肃民族地区1985~2005年的面板数据，使用能值分析模型，对该地区的生态效率和物质代谢进行了分析研究。段玉英等（2012）使用能值分析模型，通过对包钢的实证研究，构建了生态效率评价指标体系，以此对包钢的生态效率进行了测量和分析。

6. 综合评价方法

（1）数据包络分析法（DEA）。

DEA模型通过对一特定单位的效率和提供相同服务的类似单位的经济绩效和环境绩效的比较分析，最大化服务单位的效率。DEA在生态效率评价应用中的重点是非期望产出的处理，即如何处理污染排放物。萨尔基斯等（Sarkis et al., 2001）构建了几种不同类型的DEA效率评价分析模型,分别测算分析了欧洲一些发电厂的生态效率水平,研究结果发现不同类型的DEA模型对相同企业的生态效率评价结果也可能不尽相同。

库斯曼等(Kuosmanen et al.,2005)构建了效率的DEA评价分析模型,用环境压力作为产出指标,评价和分析了芬兰交通运输业的生态效率水平。

我国也有好多研究使用DEA分析方法对行业和区域、工业园区(产业)、企业的生态效率进行了评价和分析。华茨(Hua,2007)使用非径向DEA效率评价分析模型,构建了生态效率评价指标体系,分析了淮河流域的一些造纸厂的生态效率。杨文举等(2009)选取工业增加值作为经济产出,以工业废水排放总量、工业固体废弃物产生总量和工业废气排放总量作为环境影响压力,采用DEA分析模型,对2007年我国各省区的生态效率进行截面分析。王恩旭(2011)采用超效率DEA评价分析模型,构建了生态效率的投入产出评价指标体系,评价分析了我国30个地区的生态效率。

数据包络分析的特点是:灵敏度和可靠性较高,测量指标单位不需要统一,综合评价有共同特点的评价单元时不需要对变量做函数假设,避免了人为确定权重的主观影响。

(2)因子分析法。

因子分析法的特点是:该方法可以涵盖各个原始数据,同时将分析过程简化为因子项的分析。陈傲等(2008)使用因子分析法中的赋权法,选取2000~2006年我国29个省际截面数据,评价了我国省际生态效率的差异性。王波等(2010)使用生态经济效率模型,运用因子分析方法,分析了我国2007年的省际截面数据,得出了引起区域生态效率差异的水资源利用、节能减排、经济基础等三个因子得分,并评价和分析了我国30个省区的生态效率。李海东等（2008）从建设"两型"社会的内涵与目标出发，采用因子生态效率评价模型，利用2006~2009年我国30个省区的面板数据，评价了省际生态效率。

（3）层次分析法。

层次分析法的特点是：结合定性和定量方法，把研究对象当作一个完整的系统，计算过程简便。吕连宏等（2005）利用煤炭工业城市生态环境质量数据，使用层次分析法，对这些城市的环境质量进行了定性、定量评价和分析。王晓明等（2005）运用层次分析法，对水污染系统进行了研究，构建了水质指标评价体系，对水污染防治措施和水源的保护进行了研究。王新兰（2006）研究了环境自动监测站点分布问题，根据专家比例标度赋值建立了环境点设立标准，运用层次分析法，对设定的点位进行确定。

1.2.4 生态效率评价的应用研究现状

1. 企业层面的应用研究

从企业层面来看，要提高生态效率就是要促进企业减少服务和产品的能源使用以及物质使用，提高物质的循环利用，减少污染物质的排放，尽可能使用可再生资源。内特雷斯（NetRegs，2003）从企业的内部和外部两个层面，对驱动企业的生态效率提高的因素进行了分析和研究。来自企业内部生态效率提高的驱动力主要有：创新驱动、产品和服务的提升、债务风险的控制、成本的控制、还包括员工积极性的提高等；来自外部生态效率提高的驱动力主要有：环保产品的需求、资金的有效周转、政府法规的约束、来自市场和股东的压力和气候变化带来的全球影响等。伊金斯等（Ekins et al.，2005）研究认为生态效率的提高应当作为企业的管理行为体现在企业的日常行为当中，以提高资源的使用效率，促使管理效率的提高、减少污染物的排放，减少资源使用量、最终促进提高企业生态效率。埃弗特等（Evert et al.，2005）研究认为生态效率可以评价企业的技术改进和产品开发，可以评估企业的环保技术，为改善企业管理水平提供决策依据。祥原等（Sangwon et al.，2005）研究了韩国的一家电子元器件生产企业，他们评价了该企业的生态效率，认为企业应该进一步有效控制各种成本，加强污染物的管理。萨尔基斯等（2005）认为生态效率是企业的一种决策工具，并评价和分析了英国中小型制造企业的生态效率，它的分析结果可以作为项目选择和企业投资的标准之一。纽拉尔（Nieuwlaar，2005）分析了不同环保项目投入组合对提高环境的边际收益，并评价了荷兰一家石油生产企业的生态效率。范等（Van et al.，2005）建立了资源效率指标研究了企业清洁生产和生态效率的互补性，生态效率以企业发展战略为主而清洁生产注重的是企业具体的生产过程。罗兰等（Roland et al.，2005）以瑞士国家铁路公司为例提出了一种对环境保护措施的生态效率核算方法，通过修复被污染的土壤、建立风景区及自然保护、能源节约和防止噪声等四个指标评价了生态效率，为投资策略的选择提供了依据。

国内也有不少文献对企业生态效率进行了评价和分析。戴铁军等（2005）指出不同行业的生态效率指标会有所不同，并以钢铁企业为例，采用能源效率、资源效率和环境效率指标，对我国钢铁企业的生态效率进行了评价分析。张炳等（2008）将污染物排放作为一种非期望输入，建立了企业生态效率评价指标体系，使用数据包络分析模型（DEA）评价了杭州湾精细化工园区企业的生态效率。周一虹等（2011）根据联合国会计和报告标准构建了企业生态效率评价指标体系，将指标中分母修正为经营活动现金净流量，并结合行业补充特有的生态效率指标。刘永红等（2012）选取了反映钢铁企业环境污染、经济产出和资源消耗的评价指标，使用DEA效率评价模型对我国钢铁企业的生态效率进行测量和影响因素分析。房明（2013）使用DEA、物质流分析和能值分析方法，建立水泥企业生态效率度量模型，并进行实证研究。陈晓红等（2013）通过对企业调研数据研究后发现，劳动密集型企业和资本密集型企业的生态效率有一定差异，而技术进步是产生这种差异的主要原因。闫军印等（2014）选取产品和副产品作为期望输出、污染物作为非期望输出，资源和能源作为输入，使用DEA和Malmquist指数模型，对河北钢铁公司的生态效率进行了度量和影响因素分析。周守华等（2015）从独立因素和协同效应两方面分析了企业生态效率、融资约束与出口模式选择的价值创造机理，并进行了实证检验。

2. 产业（工业园区）层面的应用研究

生态效率的应用从企业等微观领域逐渐扩展到产业层面的生态效率的评价。随着企业生态效率评价逐渐增多，产业层面的生态效率的评价也越来越重要。多米尼克等（Dominique et al.，2006）研究了加拿大饮料和食品产业的生态效率，研究发现，在生态效率评价指标设置中应根据不同产业特点，体现差异性。范卡尼格姆等（J. Van Caneghem et al.，2010）通过研究安塞乐米塔尔集团，提出了从光化学氧化、酸化、淡水生物中毒、人类中毒、水利用和富营养化等方向改进钢铁产业生态效率评价指标体系。K. 查蒙杜塞特等（K. Charmondusit et al.，2011）把泰国马塔普工业区的石化和石油集团分为三个产业（上游、中游和下游产业），并构建水资源利用、原料消耗和废弃物排放等三个指标，分别评价了产业生态效率并对其影响因素进行了分析。G. 奥乔尼等（G. Oggioni et al.，2011）将二氧化碳排放作为一种非期望产出，使用DEA和方向性距离函数建立生态效率评价模型，对世界各国水泥产业的生态效率进行了评价和影响因素分析。

杜春丽（2009）提出了我国钢铁产业生态效率评价的 DEA 模型，构建了循环经济模式下的我国钢铁产业生态效率评价指标体系，并对我国的钢铁产业的生态效率进行了评价并对其影响因素进行了分析，提出了提高我国钢铁产业生态效率的对策建议。高迎春等（2011）通过研究吉林省产业系统生态效率评价把环境效率分解为源头预防效率、末端治理效率和清洁生产效率，从系统整体协同层面建立整合不同过程的生态效率测量和分析模型。李小鹏（2011）建立了产业共生网络生态效率评价指标体系，分析了产业共生网络内上下游企业的共生形成过程，对产业生态效率进行了度量和分析。李虹等（2011）以我国电力产业为例，并提出了绿色就业的概念，研究了风力发电相对于火力发电的经济效益和环境效益，其实质就是提高电力产业的生态效率。牛苗苗（2012）建立了我国煤炭产业生态效率的评价指标体系，并对相关数据进行了熵权法压缩和价格平减，并使用 DEA 模型对我国煤炭产业生态效率进行了度量和影响因素分析。王晶等（2012）使用 DEA 模型对鄱阳湖生态经济区 2009 和 2010 年总体产业生态化效率和各地区产业生态化效率进行了测度和分析。陈作成和龚新蜀（2013）建立了产业系统生态效率评价模型，评价了 2005~2010 年西部地区产业系统的生态效率，并对产业系统生态效率的影响因素进行了实证分析。王正明等（2014）从生产环节的生态效率协同发展角度评价稀土产业的生态效率，并对中国稀土产业 2001~2012 年间的生态效率进行了分析。周丽晖等（2015）采用核主成分分析法消除评价指标之间的相关影响，减少指标选择的工作量，在数据包络分析模型中将环境负荷作为一种非期望输入引入，构建了生态效率评价指标体系，建立了河北省钢铁产业生态效率评价和影响因素分析模型。潘敏倩等（2015）采用非径向、非角度的 SBM 模型对安徽省 9 个城市煤炭产业的生态效率进行了评价。

建设生态产业园区是循环经济发展的重要体现，对生态产业园区生态效率的评价是研究循环经济的主要内容之一。

吴小庆等（2008，2009），刘宁等（2008）构建了生态效率评价指标体系，按照生态产业园区循环经济的特性，对生态产业园区的生态效率进行了评价和分析，并从物质利用、生态效率、物质循环利用、经济发展等四个方面对生态产业园区的可持续发展进行了分析。商华等（2007）构建了生态工业园的循环经济评价指标体系和评价模型，并以大连某生态工业园为例，定量分析了工业园的生态效率。芮俊伟等（2013）依据生态足迹核算方法，构建了生态效率评价指标体系，建立了生态工业园生态效率测量模型，并应用该模型对昆山高新区的生态效率进行了评价和分析。付丽娜（2014）探讨了工业园生态化转型的手段，在两型社会建设背景下，分别从园区管理、工业体系、企业等三个层面来深入展开分析。园区层面主要是优化管理系统；产业层面主要是进一步发展和稳固循环经济产业链；企业层面主要是从应用清洁生产技术和技术上推广以及从企业文化上培育管理者和员工的生态意识。

3. 区域层面的应用研究

宏观层面的循环经济发展理念和生态效率是相同的。无论是企业、还是产品的生态效率，或者产业（工业园区）的生态效率，其目的都是提高循环利用率，节约原材料，尽量减少对环境的影响。实现企业、产业或区域的环境、社会和经济的协调发展，最终实现可持续发展的目标。

巴勃罗等（Pablo et al.，2007）对直接物质投入建立了分析模型，利用1986~1996年智利的经济增长数据，对该国家的生态效率进行了评价和分析。布林格鲁等（Bringezu et al.，2004）研究了资源能源的利用和经济发展之间的关系，使用生态效率分析模型，对多国的资源使用情况进行分析和比较。亨特伯格等（Hinterberger et al.，2000）研究认为提高区域生态效率是提升竞争力的重要手段。霍伊等（Hoh et al.，2002）构建了环境经济评价指标并进行了核算，评价了德国的生态效率水平。萨拉瓦纳巴万等（Saravanabhavan et al.，2007）构建了体现环境效益和经济效应提升的评价指标，并运用此指标测度了区域生态效率。蝶鞍等（Seppala et al.，2005）将生态效率的研究重点放在区域经济指标和环境影响指标体系的选择上，建立了包括影响指标、压力指标和总体指标等。

在区域研究层面上，我国许多研究将重点放在循环经济之间的内在关系、可持续发展与生态效率上，主要专注于区域生态效率评价方法、评价模型和评价指标体系的建立上。

诸大建等（2006）认为生态效率可以有效测度循环经济，循环经济和生态效率内涵的本质是一样的，他们认为发展循环经济的目标是提高生态效率，并以上海为例对发展循环经济的模式进行了构建。邱寿丰等（2007，2008）借用德国的生态效率指标来建立我国的循环经济评价指标体系，并根据不同区域的经济发展水平，来研究我国的生态经济评价方法。白世秀（2011）提出了偏要素和全要素两种视角下的生态效率测量模型，并评价了黑龙江省13个地区的生态效率，并对影响其生态效率的因素进行了分析，提出促进黑龙江省生态效率提高的建议。潘兴侠等（2013）根据2010年我国各省区资源环境及经济数据，使用熵值赋权的灰色度量方法对我国各省区生态效率的进行了评价，然后使用空间误差和空间统计模型分析了我国各省区生态效率的空间关联机制及其影响因素。成金华等（2014）首先运用超效率DEA模型采用2000~2011年的数据，运用空间自相关分析法对我国区域生态效率的演化格局进行了分析，并评价了我国30个省区的生态效率进，并对其影响因素进行了分析。吴金艳（2014）使用1990~2011年西部省区的数据，对西部地区的生态效率进行了评价，进而使用Malmquist指数法对生态效率影响因素进行了度量和分析。潘兴侠（2014）将工业生态效率分解为源头削减效率与末端治理效率，使用基于熵权的加权模糊隶属度函数综合评价模型对我国2005~2011年30个省区的生态效率进行了分析和评价。蔡洁等（2015）选用山东省17个地市2005~2012年的面板数据，使用DEA模型测度了纯技术条件下的区域生态效率。黄建欢等（2015）利用DEA模型测度了2001~2011年我国省区生态效率，比较和分析了资源利用型和资源开发型区域的生态效率差异。

1.2.5 新疆氯碱化工产业生态效率评价研究现状

1. 新疆氯碱化工产业发展现状及存在的问题

（1）技术进步。

胡俊梅（2006）、安志明（2008）、周军（2010）、葛文（2010）分析了近年来新疆氯碱化工产业的技术进步情况，指出只有依靠技术进步、加快技术创新，才能使新疆氯碱化工产业可持续健康发展。

（2）发展模式。

新疆氯碱化工产业发展分为传统的线性模式和循环经济模式。郭娟（2008）结合新疆氯碱企业实际，指出新疆氯碱化工企业发展循环经济的优势、劣势，外部环境及挑战和机遇，并构建氯碱企业发展循环经济的模式。葛文（2010）以新疆天业集团（有限）公司的循环经济为例，对其构建的氯碱化工产业循环经济模式进行了研究。

（3）高能耗和污染物排放。

楚中会（2012）、安志明等（2013）、张鑫（2013）、王小昌等（2013）、张萍等（2014）分析了新疆电石法聚氯乙烯发展面临的挑战。电石法生产聚氯乙烯时所带来的高能耗和高污染也是一个不可否认的现实，但近年来随着国家对环境保护力度的加大，新疆许多电石法聚氯乙烯企业已经开始大力推行清洁生产工艺，形成电石法聚氯乙烯的产业链，从整体上提高能耗利用效率，降低环境污染情况。

2. 循环经济研究

周军（2005）、胡俊梅（2006）、李艳（2010）以新疆天业集团公司为例评价了其循环经济发展水平。郭娟（2008）通过研究认为氯碱工业作为新疆化学工业的重点行业，循环经济模式是促进新疆氯碱行业向生态化发展的重要途径，并对新疆天业和中泰化学的循环经济发展水平进行定性分析。

3. 影响因素

（1）循环经济产业链。

张新力（2013，2011，2010）、周军等（2010，2007，2006，2005）、恺峰等（2010）、安志明等（2008），梁诚（2006）等分析了新疆天业以当地优势资源为基础，发展氯碱化工产业，形成了一条以煤电—化工—水泥—建筑为核心的循环经济产业链。葛文（2010）以新疆天业（集团）有限公司发展循环经济为例，对该企业建立的循环经济产业链进行了分析。

（2）循环经济模式。

郝宝青（2010）、李艳（2010）对国内外氯碱化工企业发展循环经济的典型模式进行分析和归纳，以新疆天业集团公司（以下简称新疆天业）为例提出了适合我国国情的氯碱化工园区循环经济发展模式。郭娟（2008）通过研究认为氯碱工业作为新疆化学工业的重点行业，排污量大、资源消耗多、可持续发展能力差，循环经济模式是促进新疆氯碱行业向生态化发展的重要途径。周军等（2005）、恺峰等（2011）分析了新疆天业的循环经济模式，提出了煤、电、盐一体化发展的氯碱化工产业发展模式。

4. 生态效率评价

李艳（2010）以新疆天业为例从生态环境负荷率和资源化能值比率两个角度构建了基于能值分析的氯碱化工园区生态效率指标，并使用这两个指标创建系统可持续发展指数指标，用于评价氯碱化工园区可持续发展能力。

目前关于新疆氯碱化工产业生态效率评价的研究很少，对其研究还停留在解释生态系统的各部分结构是否合理、反映经济增长和资源环境之间的关系，没有对新疆氯碱化工产业的环境产出效率和资源利用效率进行评价以及对评价指标体系进行构建，也没有对新疆氯碱化工产业生态效率进行全面、系统的研究。

5. 提出的对策

（1）调结构、转方式。

杨俊义（2011）、邓科等（2013）分析了氯碱产品面临生产成本不断走高、同时市场需求受到抑制而氯碱产能持续扩张的矛盾下，我国氯碱产业面临产品结构调整和产业结构优化升级的严峻挑战，只有转型升级，制定有效的经营策略，使其发展符合行业的发展方向。张萍、李全胜（2014）以新疆天业为例分析了新疆电石法聚氯乙烯发展面临的挑战，并探讨了氯碱化工行业今后的发展方向。

（2）依靠创新和科技进步。

恺峰、李朝阳（2011）、吴莉娜等（2013）、张鑫（2013）分析了电石法聚氯乙烯生产企业的废水处理综合利用技术，不仅解决了长期困扰企业高耗水的难题，也给企业带来了较好的环保效益和经济效益，使新疆天业氯碱化工节能减排、循环经济工作得到更全面的提升，也为新疆及全国电石法聚氯乙烯企业建立水资源循环利用模式提供了示范。李德有（2010）、高旭东（2011）、楚中会（2012）、安志明（2013）分析了我国电石法聚氯乙烯企业的技术进步情况，指出加快技术创新，只有依靠技术进步、才能使我国氯碱化工行业可持续发展。周军、张新力、安志明（2005），张新力（2013），王小昌等（2013）对新疆天业循环经济的发展理念创新、技术创新及发展模式创新进行了深入的分析。

1.2.6 国内外研究现状评述

从上述分析可以看出，生态效率的概念和内涵以及所使用的指标和评价方法与其研究的目的有关。对企业生态效率评价的目的主要是为了降低处理成本，减少污染，促进企业发展，提高产品或者服务的经济增加值。所以企业在选择经济指标时，通常选择与其效益最为相关的经济增加值、销售额等指标，同时很少考虑核算外部性的成本。因此在评价方法选择时，通常也会选择简单直观的价值—影响比值评价方法。

测量行业和区域的生态效率是为了整个产业经济系统能实现经济效率和环境效益，因此需要全面评估产品或服务在整个生命周期中的价值，需要将外部性成本计算折现融入经济指标中，因此通常评价方法会选择比较复杂的模型。在具体应用中，两种评价方法上的生态效率测量结果可能会有些差异，影响企业内部管理的调整和政府政策的制定。

根据国内外关于生态效率的研究现状，还存在以下一些问题。

（1）国内外对于生态效率的研究大多专注于探讨概念和内涵、构建评价指标、设定评价模型和生态效率的应用。对于生态效率的定义，国内外学者观点基本一致，即生态效率是经济产出价值和环境资源投入的比率。目前国内对生态效率的研究主要还体现在资源环境和经济增长之间的关系、对企业、产业（工业园）和区域的评价指标体系进行构建，测量环境产出效率和资源利用效率，目前还没有对新疆氯碱化工产业的生态效率进行全面和系统的研究。

（2）目前，国内外研究对生态效率内涵的理解主要基于两个维度，即环境成本和经济产出。实际上，生态效率既是一种管理工具又是一个测量工具，其内涵已经远远超出了狭义地从环境与经济两者去界定的范畴或经济产出和环境影响简单比值。目前已经有学者提出在生态效率评价和分析中加入社会发展维度，但是很少有研究对加入的社会维度进行定量评价。因而，以后的研究应专注于丰富生态效率效率内涵的（加入社会发展维度），还应该加强实证研究，使研究结果更具有说服力。

（3）研究内容上，国内学者大多是研究评价企业、产业（工业园区）和区域的生态效率，分析生态效率影响因素的文章较少。生态效率评价仅仅能反映企业，产业（工业园区）和区域在环境保护、资源利用方面的发展程度，反映资源环境与经济协调发展的情况。如何才能提升生态效率，促进资源环境与经济协调可持续发展才是生态效率研究的目标。因而我们有必要探求生态效率的影响因素以寻找提升生态效率的途径。

（4）目前，有很多研究描述的生态工业园的循环经济产业链规模巨大，物质与能量交换的产业链共生网络系统非常完备，但实际上这些规划的物质与能量交换是否可行的却鲜见研究。许多生态工业园建立和运行都是通过一些行政手段让一些企业参与循环经济产业链的实践，并由政府出面推动和规划，这种与市场脱节的模式未必可行。因此，需要加强对循环经济产业链和共生网络的研究，以期找出对生态效率的影响的关键因素。

新疆发展氯碱化工产业引起的环境和资源问题已经引起了人们的极大关注。氯碱工业是资源转化型产业，十多年来新疆氯碱工业的高速发展主要是依靠资源的高投入、高消耗来推动的，使得资源和环境问题日益突出。因而，基于能源资源稀缺性和环境恶化的"瓶颈"制约，在发展资源节约型、建设环境友好型产业的背景下，考虑到新疆氯碱化工产业在新疆经济发展中的重要地位，探讨研究评价其生态效率的方法，并采用该方法，对新疆氯碱化工产业生态效率评价进行研究，探讨提高其生态效率的对策和方法，无疑对进一步完善新疆地方政府的产业政策、促进新疆氯碱化工产业可持续发展产生推动的作用。

1.3 本书研究内容

本书共由八章组成，具体内容及结构安排如下。

第1章为本书的导言。从循环经济产业链、循环经济模式、产业共生和循环经济评价等几个方面介绍了我国氯碱化工产业循环经济研究现状。接着介绍了生态效率的研究背景、综述国内外研究动向，分析生态效率评价理论的基础框架、评价方法及应用方面的薄弱或不足之处，阐明本书的研究目的与意义、最后对整篇文章的研究思路、研究内容、研究方法及技术路线进行设定。

第2章为生态效率评价的理论基础分析及分析框架。介绍了循环经济模式，界定效率、生态效率的内涵，分析生态效率与其相关概念之间的区别与联系，剖析生态效率评价的理论基础，并构建了生态效率评价的理论分析框架。

第 3 章提出了"新疆天业循环经济模式"。新疆的资源分布决定了新疆天业只能发展电石法聚氯乙烯，新疆的资源特点是新疆天业发展循环经济的基础。新疆天业的循环经济模式推动了新疆氯碱化工产业的发展。"新疆天业循环经济模式"破解了电石法聚氯乙烯生产工艺的高污染、高消耗、低产出的技术"瓶颈"，改变了国家对电石法生产聚氯乙烯的产业政策。

第 4 章从产业链、共生网络和物质流的角度分析了新疆天业循环经济发展现状，体现了"新疆天业循环经济模式"的优势。其重点是以企业为核心，构建循环经济产业链，通过不同的产业链构建区域产业共生网络，通过广泛的物质流（废弃物或副产品）交换来减少污染物排放，对废弃物减量化，资源化和再利用，提高了新疆天业的生态效率。

第 5 章在定量研究方面，阐述了数据包络分析（DEA）的基本思想，污染物的处理方法以及生产可能集，基本模型，在现有方法和理论的基础上，将新疆天业的污染物排放作为一种非期望输入，从不期望产出的角度出发，引入到数据包络分析模型中，将生态效率分解为纯技术效率、综合效率以及规模效率，分析了新疆天业生态效率的技术效率、节能减排的潜力以及规模效率，得出了规模效率只是在一定范围和程度上影响新疆天业生态效率的提高，技术效率是影响新疆天业生态效率提高重要因素的结论。

第 6 章对新疆天业生态效率的影响因素分析。一是根据生态效率影响因素的特点选择结构方程模型作为分析方法。二是通过归纳国内外大量文献，建立了新疆天业生态效率影响因素测度模型，并提出了研究假设。进一步，通过问卷调查获得相应数据，整理数据后采用结构方程模型对模型进行拟合、调整，最后得到体现潜变量与相应指标以及各潜变量之间的优化模型。三是通过分析表明企业技术和管理水平，产业共生体，地方政府管理，社会生态文化和市场对绿色产品的需求对新疆天业的生态效率有不同程度的影响，其中企业技术和管理水平，产业共生体影响最为显著。

第7章在对新疆天业生态效率评价和影响因素分析的基础上，从企业层面、产业层面、政府层面和公众参与层面提出了提高新疆天业生态效率的路径。

第8章为本书的结论与展望部分。简要总结全书所研究的重要内容以及在此基础上得出的关键性研究结论；且汇总了一些在现阶段研究中很难解决的问题及研究的不足，旨在从中找到未来进一步研究的切入点和基本构想。

1.4　本书研究方法与技术路线

1.4.1　研究方法

本书在循环经济理论、生态产业链经理论、产业共生理论、物质流理论及生态效率理论的基础上，对新疆天业生态效率评价问题进行了系统的探索与研究。首先通过文献查阅和整理，并对新疆天业进行了实地调研，对相关领域进行了具体的总结与分析。在此基础上，通过分析现有的生态效率评价方法与评价指标，梳理出合理的、科学的生态效率评价方法，进而建立合适的生态效率评价指标体系。然后通过规范分析与实证分析相结合、定性和定量研究相结合的方法，对新疆天业生态效率进行科学的评价，并探讨了新疆天业生态效率的影响因素，为新疆氯碱化工产业的可持续发展提供科学的理论指导。具体的研究分析方法如下。

（1）文献分析方法。运用该种方法对国内外有关氯碱化工产业发展循环经济和评价生态效率的相关文献资料进行梳理与分析，并得出本书研究的目的和意义。另外本研究是建立在对以往研究成果以及大量的统计数据的分析基础之上，因此需要大量的资料收集、整理与总结工作。本书的研究数据主要来源于对新疆天业的实地调研、统计年鉴和上市公司年报披露等。

（2）定性分析与定量分析相结合的方法。循环经济是一个复杂的动态系统，生态效率评价是一个理论性较强的问题，涉及较多的影响因素，因此要描述新疆天业循环经济的发展规律必须有一个充分、合理的理论分析。本书运用定量分析的方法，定量分析是通过建立的数学模型进行计算，数学化生态效率评价分析中的变量关系，并构建具有可操作性的生态效率评价模型，对生态效率进行评价，并分析说明生态效率的影响因素。

（3）规范研究与实证研究相结合的方法。本书在深入分析生态效率的内涵及其相关概念之间的关系基础之上，根据循环经济理论与生态效率效率、产业生态链理论、物质流理论、产业共生理论等多种理论，分析了循环经济系统中环境、经济、资源等之间的关系，并构建了生态效率评价的逻辑框架。在此框架下本书提出生态效率评价方法，并对新疆天业生态效率及其影响因素进行实证研究。

1.4.2 技术路线

技术路线如图1-1所示。

第1章 导言

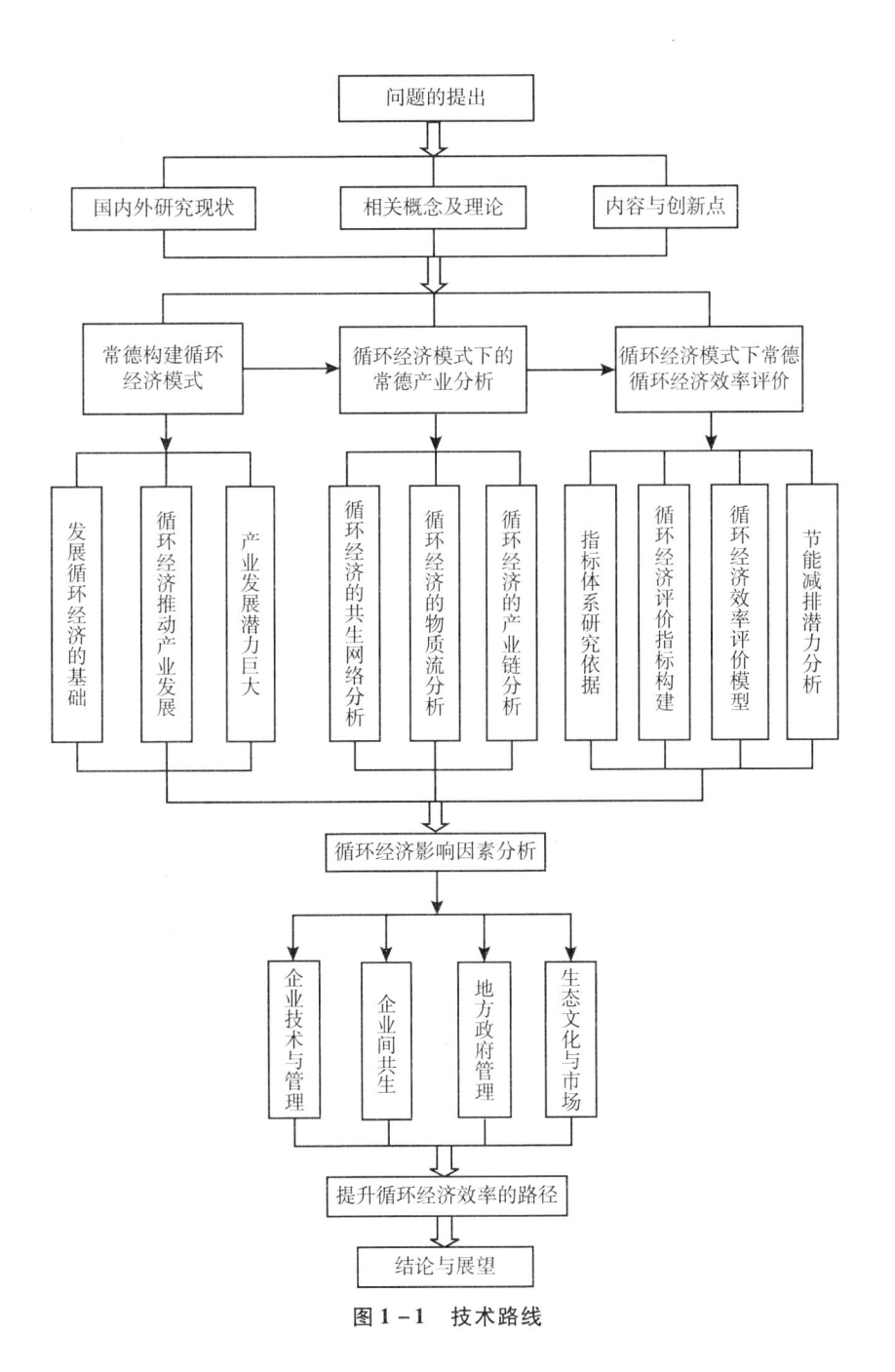

```
                    ┌─────────────┐
                    │  问题的提出  │
                    └──────┬──────┘
          ┌────────────────┼────────────────┐
          ▼                ▼                ▼
   ┌─────────────┐  ┌─────────────┐  ┌─────────────┐
   │国内外研究现状│  │相关概念及理论│  │内容与创新点 │
   └─────────────┘  └──────┬──────┘  └─────────────┘
                           ▼
   ┌─────────────┐  ┌─────────────┐  ┌─────────────┐
   │常德构建循环 │→ │循环经济模式 │→ │循环经济模式 │
   │  经济模式   │  │下的常德产业 │  │下常德循环经 │
   │             │  │    分析     │  │  济效率评价 │
   └──────┬──────┘  └──────┬──────┘  └──────┬──────┘
```

| 发展循环经济的基础 | 循环经济推动产业发展 | 产业发展潜力巨大 | 循环经济的共生网络分析 | 循环经济的物质流分析 | 循环经济的产业链分析 | 指标体系研究依据 | 循环经济评价指标构建 | 循环经济效率评价模型 | 节能减排潜力分析 |

```
                    ┌──────────────────┐
                    │循环经济影响因素分析│
                    └─────────┬────────┘
           ┌──────────┬───────┼───────┬──────────┐
           ▼          ▼       ▼       ▼          ▼
      ┌────────┐ ┌────────┐┌────────┐┌────────────┐
      │企业技术│ │企业间  ││地方政府││生态文化与  │
      │与管理  │ │ 共生   ││ 管理   ││  市场      │
      └────────┘ └────────┘└────────┘└────────────┘
                    ┌──────────────────┐
                    │提升循环经济效率的路径│
                    └─────────┬────────┘
                              ▼
                      ┌──────────────┐
                      │  结论与展望  │
                      └──────────────┘
```

图 1-1 技术路线

1.5　本书的创新点

（1）从产业链、共生网络和物质流的视角提出了推进新疆氯碱化工业产业循环经济发展的"新疆天业模式"。其重点是以企业为核心，构建循环经济产业链，通过不同的产业链构建区域产业共生网络，通过广泛的物质流（废弃物或副产品）交换来减少污染物排放，对废弃物减量化，资源化和再利用，提高了新疆天业的生态效率，取得了较好的经济效益，在增强新疆天业绿色竞争力的同时促进了区域经济的可持续发展。

（2）本书拓展了大多数研究仅设置一些指标来对生态效率及其影响因素进行评价和分析的现状，在国内外现有的研究基础上，从新疆天业内企业、产业共生体、地方政府管理以及生态文化与市场等几个方面出发来研究各层面因素对新疆天业生态效率的影响，并研究循环经济产业链稳定性这一因素对新疆天业生态效率所产生的直接作用以及在其他因素对生态效率影响中所发挥的间接作用。

（3）目前研究中，对生态效率影响因素的研究中仅关注经济产出和环境成本，本书根据社会公众对生态环境的关注程度，增加了人文发展指标对新疆天业生态效率影响因素进行研究，并结合循环经济的理论，对新疆氯碱化工产业的发展研究具有指引作用。

1.6　本章小结

本章主要介绍了本文的研究意义和选题背景，并对国内外研究现状和本书的主要研究内容进行了分析，通过对国内外研究结果的分析，目前对生态效率的评价没有一个统一的标准。不同学者的评价方法，差异很大，本书选择比较通用的评价指标，并结合新疆氯碱化工产业的实践情况，选择生态效率作为本研究的特色，通过评价得出相关结论。在借鉴国内外生态效率评价经验后对新疆天业的生态效率进行了评价分析，并对提升新疆氯碱化工产业的生态效率提出了对策建议。最后对本书的研究内容、方法、技术路线和创新点进行了简要介绍。

第 2 章

相关概念、理论基础与理论分析框架

2.1 相关概念

2.1.1 循环经济模式

1. 模式

模式是研究客观事物的解释方案和理论图式,它是指可以比照的某种事物的标准形式,是解决某一类问题的方法论,是从不断重复出现的现象中抽象出来一种思维方式和思想体系,即把解决某类问题的方法总结归纳到理论高度。总之,模式是客观世界部分化、序列化、简单化和抽象化的代表。模式强调的是非实质上的规律,它提供客观世界的系统内容,是简化了的理论形式。

模式本身是一个整体的概念,它具有以下特征:(1)模式本身包括一些基本组成要素,这些基本组成要素是模式存在和发展的基础；（2）模式各组成要素之和并不等于模式整体，模式本身功能的最大化并不等于模式内部各组成要素功能的最大化，模式内部各组成要素存在着合理布局和协调相处问题；（3）模式本身对于来自外部和内部各组成要素的压力，可以作出迅速反应，同时对压力可以予以调节和疏导，保证模式得以平稳运行；（4）在模式内部各组成要素之间相互依存，相互作用，促进模式不断创新和发展，使模式本身处于不断的变化之中；（5）模式本身具有独立性，即每一种模式的内部组成要素不同使其区别于其他模式。

2. 循环经济模式

根据以上所述，模式是可以比照的标准形式。根据这一思想，可以将发展模式解释为事物发展中可以比照的标准样式或某种事物发展的标准形式。对于循环经济，可以将循环经济的发展模式解释为发展循环经济可以参照的标准形式，是社会各层面在发展循环经济的实践中总结和抽象出来的推动循环经济发展的行为规范和运行标准。

循环经济模式是构建在一定资源储量和生态阈值基础上的动态系统，在这个系统中包括政策制度、实施主体、市场机制、信息技术、发展理论等一系列基本组成要素，这些基本组成要素是循环经济模式存在与发展的基础。在运行循环经济模式的过程中，各基本组成要素协同作用，相互依存、使循环经济模式的整体功能发挥到最大。

3. 发展循环经济的具体模式

近二十几年，随着循环经济在我国的不断深入发展，学术界不断加深对循环经济的研究，一些学者在国外循环经济发展模式理论的基础上，结合我国经济发展的具体情况开始研究循环经济，形成了以下几种发展模式[①]。

---

① 李伟，严汉平. 循环经济发展模式：学习、模仿、创新［J］. 福建论坛（人文社会科学版），2009（6）：17-19.

(1) C 模式。

诸大建等（2006）提出了这种循环经济发展模式。他们定义发展中国家的经济发展模式为增物质化模式（A 模式），这种模式是传统的经济发展模式，即经济增长的同时污染物排放总量也在增加，经济增长主要依靠增加资源能源的投入来实现。如果按照目前的经济发展模式，资源能源投入和污染物排放将随经济发展同步增加。如果我国经济发展按照目前的污染物排放标准和资源能源利用水平，未来20年我国经济发展对环境的影响将是目前的3.9~4.8倍。他们定义发达国家的经济发展模式为减物质化模式（B模式），经济发展对环境所造成的影响可以通过一些改革措施得到解决，这种模式是绿色的经济发展模式[①]。

目前，严峻的资源能源短缺和环境压力使我国的经济发展不能继续保持传统的A模式，然而，从我国目前的技术能力和管理水平分析，也不具备应用B模式的条件。于是，他们使用生态效率的概念分析了循环经济的资源化、减量化，再利用的本质，提出了 C (China) 模式，即符合我国经济发展水平的循环经济模式。C模式也被称为1.5~2.0倍数经济发展战略，即到2020年我国经济总量翻两番的同时，使用不超过2倍的资源能源消耗得到4倍左右的国民经济增长，资源消耗和污染排放最多增加1倍左右。这种发展模式将给予我国经济发展一个较长时间的缓冲期，并希望通过较长时间的经济增长方式转变，能达到一种相对的减物质化阶段[②]。

通过发展循环经济，到21世纪的前期实现以较小的废物排放和资源能源消耗以实现较好的经济发展是有可能实现的。

---

① 诸大建，减漫丹，朱远. C 模式：中国发展循环经济的战略选择 [J]. 中国人口·资源与环境，2005，15 (6)：8-12.

② 诸大建，钱斌华. 有中国特色的循环经济发展模式研究 [J]. 价格理论与实践，2006 (3)：66-67.

他们还认为，实现 C 模式需要政策与技术两方面的保障。在政策方面，需要构建保障循环经济发展的政策体系，根据生命周期评估理论研究制定有针对性的输入端、过程性和输出端控制政策。在技术方面，系统革新，即经济社会发展部门和资源环境保护部门应共同讨论一种综合的、多赢的发展战略；产品创新，即在产品形态保持不变的前提下替换产品的关键性部件；过程改善，即在产品形态不变和城市结构不变的前提下，对原有的工艺和过程进行减量化的改进。功能革新，即应该对生态效率从更大的范围内进行思考。

（2）区域循环经济发展模式。

肖华茂提出了区域循环经济发展模式的概念在"面向区域的循环经济发展模式"的一文中。他认为，我国当前区域发展循环经济的模式有三种，即跨越式战略转型模式（中西部地区），资源型战略转型模式（资源富集地区）和自发型战略转型模式（东部沿海发达地区）。他研究认为，发展循环经济要因地制宜、循序渐进，并结合我国不同区域经济发展的特点设计了工业生态园整合模式、虚拟仿生循环模式、农户群的共生网络模式、企业内部的清洁生产模式、工农业融合模式、商业化专业化的回收再利用模式和再生资源的循环利用模式等[①]。

（3）三层次模式。

具体分析，"三"即小循环、中循环和大循环，是三种不同层面循环经济模式在实践中的表现形式。其中小循环经济模式是循环经济在微观层面的具体体现，是指在企业内部物质循环的经济发展模式，美国的杜邦公司是典范。中循环经济模式是循环经济在中观层面的具体体现，是指产业或工业园区内有共生关系的企业之间物

---

① 肖华茂. 面向区域的循环经济发展模式设计 [J]. 统计与决策（理论版），2007 (14)：119–121.

质流循环的经济发展模式，丹麦的卡伦堡生态工业园区是典范。大循环经济模式是循环经济在宏观层面的具体体现，是指在全社会范围内物质流循环生产、再利用的经济发展模式，德国双元系统是典范[1][2]。

(4)"2+4"模式。

王延荣等(2006)将我国循环经济的发展模式总结为两个领域和四个产业系统(即"2+4"模式)。其中两个重点领域为生产和消费领域，四个重点产业系统是指生态工业系统，废弃物再利用、资源化、绿色服务业系统，无害化处置产业系统和生态农业系统等。两个重点领域是互相渗透和四个重点产业系统，互相支撑的，不能分散，需要有机地结合，各自形成独立的循环经济系统。其中有两个层的含义。一是只有当城市建立了绿色服务业，生态工业和生态农业系统，才有可能转变其经济发展方式，形成不同产业之间的共生系统，形成可持续的发展模式。只有建立了完备资源化，无害化处置和废弃物再利用产业系统，整个城市的再生资源循环才能够运行起来，形成循环经济运行中的大循环，实现生产与消费对接。二是循环经济与生态城市是有机结合的。生态城市建设除了要发展循环经济以外，还需要有完善和高效的基础设施、高素质的人口、公平的社会等来保障[3]。

(5)"1+3"模式。

2004年7月，在全国循环经济试点经验交流会上，国家环保局将我国的循环经济模式总结为"1+3"模式。"1"指的是废弃物再生和处置产业，"3"包括小循环、中循环和大循环。

---

[1] 孙勇. 循环经济的理论与实践 [J]. 学习与探索, 2005 (02): 168-171.
[2] 刘学敏. 循环经济机制与模式研究 [J]. 经济纵横, 2007 (01): 21-22.
[3] 王延荣. 循环经济的发展模式研究 [J]. 技术经济, 2006 (2): 7-9.

在企业层次实施小循环，选择有代表性企业，进行生态产品设计，减少服务和产品中物料和能源的使用量，采用清洁生产技术等措施进行企业生态化试点，以降低污染物排放。

在区域层次或产业层次实施中循环，通过企业之间的信息集成，物质集成和能量集成，构建工业生态产业园，在企业间形成共生关系。

在社会层次实施大循环，在社会层面，重点建设城市和省区的大循环，重点是建立循环型城市和省区，重点解决全社会循环利用废旧资源问题，建立废旧资源再利用产业，最终目标是建立循环经济型社会。

（6）"5+1"模式。

刘贵富等（2006）认为循环经济实践表现在社会经济活动的所有层次上，同时提出了"5+1"模式，即微循环、小循环、中循环、大循环、超大循环、废物回收处理和再利用产业，并分别使用"3R"原则实现物质流的闭环流动[①]。

微循环是指单个家庭的物质循环，居民家庭是一个基本消费单位，每户家庭都排出成分复杂的垃圾，随着社会经济的发展，促进循环经济发展要从每个家庭和个人做起。微循环模式要求家庭按照生态学的要求优化人居环境、节约资源、净化环境等，建立"绿色家庭""家庭绿岛"。家庭作为个体要减少生活垃圾的排放，同时尽量减少消费等。

根据生态效率理论，小循环是指企业内部的物质流循环，节能降耗，推行清洁生产技术，减少污染物排放，减少产品和服务中资源能源和物料消耗。

---

① 贾建国，杨育，刘爱军，刘娜等. 化工产业循环经济发展的一体化模式研究[J]. 中国科技论坛，2011，2（11）：22-27.

中循环是指生态工业园区或产业的循环。这种循环是把不同的企业通过串联模型、串并联混合模型、并列模型等方式联系起来，形成资源共享和互换副产品的生态产业链，使得其中一家企业产生的废气、废物、废水、废热等成为另外一家企业的原材料和能源。

大循环是指整个社会的循环，一方面，通过废旧物资的回收再利用，实现消费过程中、消费过程后物质和能量循环；另一方面，要规范社会成员的生活行为，依靠政府宏观政策的引导。

超大循环是指国际大循环，循环经济有时不能在一个国家内完成全部循环过程。在经济全球化的背景下，在经济合算、技术可行的前提下，有相当一部分废弃物可以进行国际循环，如废旧钢铁、废旧有色金属等。

废旧物回收和再利用产业，废旧物有很大的利用价值，以资本为纽带，按照市场经济规律，建立市场集散、废旧物回收、综合利用为主要环节的再生资源回收再利用系统。

2.1.2 生态效率

1. 效率的内涵

效率是成本与收益之间的比值，它本身是经济学的概念。很多关于效率的研究是从资源配置的角度进行分析的，在不同的时代，效率的内涵有所变化。在生态平衡状态良好的情况下，效率是指资源配置实现了最大的价值，效率的核心就是资源的有效利用。效率追求的是劳动和资本的生产效率，即经济效率。

但是马克思认为效率的实质是节约劳动时间。熊彼特（Schumpeter）从资本积累、技术进步等层面来解释效率。新帕尔格雷夫大辞典认为效率是指在资源和技术条件限制下尽可能满足人类的需求，即资源配置效率。希克斯（Hicks）认为改进社会福利是效率的核心问题。帕累托（Pareto）认为"如果没有其他生产上可行的分配，对于配置某种资源，使得所有个人至少和他们在刚开始时的情况一样，如果至少有一个人的状况比刚开始时要好，那么资源配置就是最优的"。萨缪尔森（Samuelson）将"经济效率"解释为在不减少一种产品生产的前提下，就不能增加另一种产品的生产，有效率的经济处于其生产可能性的边界上，这样经济运行就是有效率的。

我国学者樊刚给经济效率的定义是："一般也称为资源的利用效率，是利用现有资源进行生产所提供能满足效用的程度"①。它不是简单的产品数量概念，是满足程度与资源消耗的比值，而是一个效用概念。

2. 生态效率的内涵

对于生态效率内涵的表述有很多种。世界可持续发展工商理事会（1993）在定义生态效率时，提出了生态效率的内涵：（1）降低资源强度；（2）降低能源强度；（3）最大限度地使用可再生资源；（4）减少有毒物质的排放；（5）加强各种物质的回收；（6）提高服务强度；（7）延长产品使用寿命。在2000年，世界可持续发展工商理事会进一步解释了上述生态效率的内涵是为了实现以下三大目标：（1）降低污染物对环境的影响，如处置废弃物、防止有毒物质扩散与减少污染物排放；（2）提高产品或服务价值，如提高产品的模块性、适应性和功能性，满足顾客需求和向顾客提供附加服务；（3）降低资源能源消耗，如减少能源、材料、水与土地的消耗，封闭物质循环，加强产品耐用性和循环性。

荷威奇（Hertwich，1997）把以上生态效率的内涵总结为五个

---

① 杨仲伟，张燕生，袁刚明. 公有制宏观经济理论大纲［M］. 上海：上海人民出版社出版，1994.

层面：污染预防、清洁技术、为环境设计、环境管理系统以及闭环系统。其中污染预防主要指通过改进技术降低产品自身和在生产过程中的污染；清洁技术是与传统的末端治理技术对比，开发新的内部清洁的生产技术；为环境设计是环境友好行为的理念，主要是使产品易于拆卸、回收和部件的再次循环利用，并提倡延长产品的使用周期；建立环境管理系统可以使系统实现良好的经济和环境绩效，有效地对经济系统的环境行为进行监管；闭环循环经济系统将整个经济系统构建成废弃物回收再利用的闭环系统，它与线性经济发展模式不同。

3. 经济效率和生态效率的关系

新古典经济学的基本假设是传统的经济效率研究的基础，即利润是驱动企业发展的最大动力，企业的经营目标是追求利润最大化，在满足供给与需求之间平衡的基础上实现企业利润最大化，我们一般评价企业的利润是最终产出减去整体投入。

经济效率也可以称为经营效率或资源配置效率，以最少的经济资源投入去实现最大的经济产出，表明特定市场主体以一定的经济资源投入所能得到的最大经济产出：

$$经济效率 = \frac{经济产出}{经济资源投入} \qquad (2-1)$$

其中式（2-1），经济资源投入包括能源消耗、资本投入、其他投入和劳动投入等；经济产出包括产品产量、工业增加值、净利润和利税总额等。

经济效率研究的弊端在于没有对经济发展过程中产生的负面问题进行评估和分析，而过多重视资源的使用效率和资源的合理配置。在发展社会经济的过程中，如果忽视其所带来的弊端而一味地追求经济效率，整个社会经济发展将面临严重的资源环境问题。生态效率研究自然资源、环境资源和社会资源的综合配置效率，立足整个生态经济系统，目标是以最低的资源投入，最少的生态代价，获得最大的经济价值。所以相对于经济效率，生态效率的研究更具可持续性和前瞻性，研究视角也更宽。

2.2 理论基础

2.2.1 循环经济理论

1. 循环经济的内涵

循环经济是把物质进行梯次使用和闭路循环，它以废弃物回收、资源循环利用为其内涵，并通过相对封闭的运行模式来实现"低污染、低消耗、低排放"，在环境方面表现为污染低排放甚至污染零排放的经济运行模式，这种运行模式克服了传统经济模式所造成的"高污染、高消耗、高排放"的弊端，缓解了环境保护与经济发展之间的矛盾[①]。

从上述分析可以看出，循环经济是一种生态经济，我们可从以下方面来理解其内涵[②③④]。

（1）生态经济。循环经济是利用生态学理论来指引社会的经济活动，把经济活动对环境的影响降到最低，所投入的资源能源在经济循环中均能得到合理的利用，倡导经济与环境和谐发展的模式。

---

① 崔如波. 试论循环经济的科学内涵与基本原则 [J]. 理论前沿，2004（8）：31 - 32.
② 杨期勇，陈季华. 循环经济及其发展措施 [J]. 污染防治技术，2003（3）：29 - 30.
③ 李健，闫淑萍，苑清敏. 论循环经济的发展及其面临的问题 [J]. 天津大学学报，2002（4）：15 - 17.
④ 杨小波，吴庆书. 城市生态学 [M]. 北京：科学出版社，2000（8）：25.

(2) 环境经济。循环经济是经济和环境相结合的产物，目标是实现经济发展的同时保护环境。

(3) 资源经济。循环经济构建资源充分利用的循环经济模式，提倡物质不断循环再利用的基础上进行经济活动，最大限度地利用系统内的物质和能量，使企业的经济活动融入资源的循环中去，提高社会经济发展质量和资源利用率。

(4) 技术经济。循环经济以现代科学技术为发展基础，通过技术上的组合与集成，形成相互依赖的产业网络链，实现产业和企业之间的资源有效利用，使不同产业和不同企业之间有机地结合起来。

2. 循环经济原则

循环经济的原则主要有以下几个。

(1) 减量化原则。在源头注意节约资源和减少污染，即减量化原则目标是以较少的原料和能源投入来达到既定的生产目的或消费目的，因此既减少了资源消耗和废物排放，又促进了经济发展，而不是通过末端治理的方式来加以避免。

(2) 再利用原则。再利用原则的目的是延长产品和服务的时间长度，利用一切可以利用的资源，应适用于循环经济活动的整个过程，而不是仅适用于生产和消费过程。绿色消费和资源回收是循环经济重要的两个环节，通过这两个环节，可以在全社会建立"资源能源—产品和用品—再生资源"的循环经济路径。

(3) 再循环原则。它以废物利用最大化和污染排放最小化为目标，是对废弃物进行资源化处理的原则，是把废弃物再次变成资源以减少最终处理量[1][2]。资源化废弃物有两种形式：一是原级资源

---

[1] Richard Ferris. Maintaining Biodiversity in Forest Ecosystems [J]. Journal of Applied Ecology, 1999 (6): 1074 – 1075.

[2] 杨公朴，夏大慰. 现代产业经济学 [M]. 上海：上海财经大学出版社，1999，29 – 33.

化，将遗弃的废旧物加工成与原来相同的产品；二是次级资源化，将废弃物加工成与原来不同类型的产品[1][2][3]。

3. 循环经济的发展层面

（1）微观层面。实施清洁生产，建立企业内部的循环经济系统。美国杜邦公司把循环经济的3R原则和化学企业的生产工艺相结合，提出了"3R制造法"最大限度地减少了废弃物的排放，实现了厂内各工艺之间的废弃物循环再利用，创造了企业内部循环经济发展的典范。

（2）中观层面。通过发展生态工业产业园区，把不同的工厂结合起来形成共享资源和互换副产品的产业共生体，建立中观层次的循环经济产业体系。并通过循环利用、废弃物交换、清洁生产等手段，实现工业产业园区的污染物减量排放。

（3）宏观层面。从社会整体循环的角度，建立循环经济社会，培育发展绿色消费市场和资源回收产业，发展循环经济，绿色消费是对环境不构成破坏的消费方式，强调适度消费和环保型消费，主张人和自然的和谐统一，注重保护环境、治理污染和节约资源。

2.2.2 生态产业链理论

1. 生态产业链

所谓生态产业链，以资源共享和利益共生机制为联系纽带，根据循环经济学原理，两个以上的企业相互串联，纵向链接而成的闭

---

[1] 孙健. 生态与产业互动促进林业可持续发展 [J]. 中国林业企业，2004（1）：3-6.
[2] 张金环，颜颖，张金萍. 新型林业发展模式—循环林业 [J]. 广东林业科技，2010，26（3）：84-87.
[3] 李康球. 城市木材工业走在可持续发展道路中 [J]. 浙江林业科技，1998（4）：76-77.

环流动、资源循环利用的生态产业系统，是模仿自然生态系统生物食物链的物质能量循环规律建立起来的。这个概念包括以下内涵：一是上游企业在生产过程中产生的废弃物或副产品，输送给下游企业作为生产原材料形成产业链，每一个循环经济产业链都是由两个以上企业纵向链接而形成的资源闭环流动的循环系统；二是在每个循环经济产业链中，必须有资源共享和利益共生机制作为各相关企业的经济链接纽带；三是在每个循环经济产业链中，各链节中的企业都相对稳定地位于一定物质循环过程中的某一链节上，在循环经济系统中起着独特的传递作用。

所谓生态工业网络链，按资源共享和利益共生机制相互并联、横向耦合而形成的生态产业系统，是在能量和资源循环利用方面相互链接的生态工业链。生态产业系统的纵向延伸形成生态工业链，能量资源利用效率越高，综合开发程度越高，产业链就向下游延伸的越长。生态产业系统的横向扩张形成生态工业网络，资源能源的开发利用效率越高，生态产业网络链就横向扩张就越宽，产品的生态服务功能也就越强，生产的信息化、规模化、市场化、社会化程度就越高。

生态工业链作为循环经济系统的子系统，作为循环经济的主导产业系统，除了具有循环经济系统的生态性、功能性、延伸性、稳定性、智能性等一般特征以外，还具有超市场契约规制、共生共存、双赢互利等三个方面的特性。无论是并联的共生网络链，还是串联的生态产业链，其联系的物质基础都是产生共生利益，并资源共享。如果没有资源的开发利用，没有能量的资源共享，生态工业网络链就会失去其生存和发展的物质基础。系统内资源能源的梯级开发，循环利用，可最大限度地提高利用资源能源的效率，做到高效益、低消耗、低污染、高产出。在系统内可减少企业的固定资产投入，充分共享通信、能源和交通等基础设施；循环经济系统内各企业间废弃物资源化再利用再循环和副产品产品深加工，在产业链上的各企业的环境效益与经济效益都可实现共赢，同时又减少了生产过程中的资源能源消耗①。

2. 循环经济产业链的个体特征

循环经济产业链（网络）系统内各企业都是企业法人和独立的市场主体，在市场经济中，它们彼此间的经济行为受市场规律的约束和影响。但是市场经济是受到一定政策约束和法律规范的，而且循环经济产业链（网络）中各企业的相互关系与一般市场主体间的市场契约关系有着明显的区别，因而循环经济产业链（网络）中各企业彼此间的行为还受到资源共享和利益共生机制的约束。这主要体现在：①市场主体范围不同，一般市场契约的主体并不处于同一个循环经济产业链（网络）中，不具有共生关联性。②内容不同，循环经济产业链（网络）中各相关企业的契约是约定共享资源能源等合作经营行为；以及资源能源的开发和循环利用，而一般市场契约只是规定某一具体的交易行为中的权利义务关系。③稳定性不同，生态产业链（网络）各相关企业的合作契约一经签订，不能随意变更，相对稳定；而一般市场契约只是在一定商品交易行为中有效，且变更的灵活性大，其约束力和稳定性比较低。

2.2.3 产业共生理论

1. 产业共生的概念

丹麦的卡伦堡公司在《产业共生》一书中对"产业共生"的

---

① 诸大建，朱远. 生态效率与循环经济 [J]. 复旦学报（社会科学版），2005 (2)：60-66.

定义为："通过不同企业之间的合作，这种合作关系实现了资源节约和环境保护，共同提高企业的生存能力和获利能力"。

产业生态系统是由具有产业合作关系的企业构成，该系统是由具有产业合作关系的企业按循环经济模式组成的各种关系的集合，其中具有合作企业所处的环境被称为共生环境；合作模式被称为共生模式；具有产业合作关系的企业被称为共生单元。

在工业生态产业链的各个环节上，都可能会产生废弃物和副产品，从原材料的获取到产品的制造、运输和使用过程中，并对环境造成影响。生态产业链上每个共生单元不可能在所有节点上都具有比较优势，各节点所需要的生产要素并不相同，只可能是这个共生单元在某一节点上具有比较优势，而另外的共生单元在另一节点上可能具有比较优势。为了消除共生单元在生产过程对环境造成的影响，使环境成本内部化，需要在共生单元之间建立产业共生系统，共生单元就可以在工业生态产业链的关键节点上开展合作。根据产业共生理论，产业共生可以产生效益"剩余"，共生单元依靠内在联系的形成共生关系，从而提高产业共生系统的竞争力。

传统的产业聚集所形成的是企业间关联作用，只是在一定区域内企业的简单集合。而产业共生网络由多个相关联的企业进行相互合作，具有近似于自然界生物群落特征，通过产业共生系统内能源脱碳、物质封闭循环和物质减量化等方法实现了产业联合，使得整体能源资源在共生系统内的得到最大化利用。

2. 产业共生的内涵

（1）产业共生网络是一个模仿自然界共生系统。产业内企业间以一种媒介为载体构建产业链共生关系，这种媒介可能是通过市场运行所构建的某种关联关系或者是无形的技术、知识，也可能是有形的产品或服务。共生产业内的企业间不断进行能量、物质和信息的交换,模仿自然界生物群落的相互作用,实现系统结构和经济效益的优化,近似于群落的共生进化,产业共生网络也经历了一个从简单到复杂、从部分优化到整体、从不稳定到稳定优化的动态进化过程,但与生物群落演化不同,产业共生网络的进化实质上是一种知识的转移和扩散过程。

(2)产业共生网络是一个特定的系统。传统意义上的产业共生网络是以彼此之间的经济联系为纽带,以独立的群体为结点而形成的介于企业与市场之间的制度安排。根据这个定义,产业共生网络系统是社会组织或企业之间以经济联系为纽带在跨边界的资源能源重组过程中所形成的协作关系。产业共生网络在内部构成上和运作模式与传统的网络结构类似,是共生单元与共生环境相互间以及共生单元相互之间通过某种联系方式构成的系统,该系统注重资源的整合和核心能力的培养,并围绕一定的经济目标运行。但传统的网络与产业共生网络系统的区别在于:产业之间共生网络的基本单元是产业,产业共生网络是宏观系统的协同,传统的网络是微观系统的耦合,传统的网络系统主要关注活性节点之间的联系,而产业共生网络比较关注环境影响,强调共生环境与共生单元之间的相互作用。

(3)产业共生网络主要分为实体和虚拟型两种。实体型产业共生网络是在特定的区域空间内,各产业因经济关系而建立的共生系统。这种类型的产业共生网络通常具有协同定位效应,信息、能量和物质的流动都在这特定区域空间内的产业间共生网络内进行,来自外部的产业很难进入。国内目前所建立的产业共生网络系统大部分属于这种类型,其划分格局是以地区作为系统边界。虚拟型产业共生网络不受区域位置的限制,利用信息技术形成更大范围、跨越地域的产业共生系统。在这种产业共生网络内能量、物质和信息的流动通常是通过共生单元间进行物质和能量交换。和实体型产业共生网络相比较，虚拟型的产业间共生网络系统具有更高的开放性和灵活性，外部产业可以相对自由地退出或进入。

3. 产业共生网络系统的构成

通常产业共生网络系统的构成包括：产业共生单元、产业共生环境、产业共生模式和产业共生界面，这几个要素之间相互影响，相互作用，共同动态反映产业共生网络的进化方向和规律。

（1）产业共生单元。产业共生单元是形成产业共生关系或产业共生体的基础，是组成产业共生关系或产业共生体的生产和基本能量的交换单元，产业共生单元之间的共生进化、交互作用促进了产业共生系统的发展。产业共生单元具有"活性"与"互动性"的特性，近似于网络系统中的节点，其核心作用是对能量、物质和信息的转换和吸收，以产业共生网络系统的集体行为来应对外部环境的复杂性和不确定性。根据产业共生单元的不同性质，有同质和异质两类，同质共生单元具有可替代性，它的性质、功能相同或相近，同质产业共生单元间的联系实质上是一种"竞合关系"，通常表现为竞争性合作；而异质产业共生单元的性质和功能差别明显，具有差异性，异质产业共生单元之间的联系为互补性合作，体现为"和合关系"。

（2）产业共生环境。共生环境是除共生单元以外所有影响因素之和，产业共生环境包括人文环境、政策环境和市场环境等，是产业共生网络系统的外部条件。共生环境对产业共生体的作用是通过能量、物质和信息的交流来实现的，共生环境与共生体之间是交互作用的，通常表现为一些环境变量的变化。产业共生网络是一种宏观经济系统，其对共生环境的依赖非常明显，比如，中介市场的完善程度、政府经济发展战略的调整以及消费者需求的变化在一定程度上都会影响产业共生网络系统的演化方向和进化效率。

（3）产业共生界面。所谓共生界面是共生单元之间的机制和接触方式的总和，是产业共生单元之间相互沟通和相互作用的媒介。产业共生界面是产业共生关系形成的基础，是共生单元之间进行物质、能量和信息传导的载体、媒介和通道。共生界面对共生能量的形成和提高，产业共生关系的形成和发展有直接影响。产业共生模式通常和共生界面联系在一起，产业共生界面的性质通常会影响产业共生模式的进化和选择。共生界面通常可以分为内部界面和外部界面，内部产业共生界面一般是指业务模块间的接触机制，是相对于子产品层面上的业务模块而言的，外部产业共生界面一般是指各业务模块主体的接触机制，是相对于拥有业务模块的经济主体而言的。具体来讲，社会关系、对话平台、指令安排和市场机制等属于外部共生界面；规格、技术标准、产品种类等属于内部共生界面。但是，内外界面之间并不是相互独立，互不影响的，内部共生界面的形成和发展也受到外部共生界面的影响。外部共生界面的最终选择在很大程度上要受约束于内部共生界面，是产业共生界面的具体表现。

（4）产业共生模式。共生模式是产业共生系统的核心，是产业共生单元之间相互结合或相互作用的方式。产业共生模式体现共生单元之间的关系和作用强度。产业共生模式还可以分为共生作为模式和共生组织模式。产业共生行为模式包含偏利共生、非对称性互惠共生、对称性互惠共生和寄生；产业共生组织模式包含点共生、一体化共生、连续共生和间歇共生。在刚形成产业共生网络之时，产业共生组织模式通常表现为点共生或间歇共生。产业共生行为模式体现为非对称性互惠共生或偏利共生，随着共生界面的共生单元之间内生化的不断发展和契合程度的加深，产业共生模式逐步向一体化共生、对称性互惠共生和连续共生转化。产业共生模式不是固定不变的，外力的作用及其共生环境的变化都有可能打破这种状态，开始新的耦合过程，这就是产业共生网络周期进化的外在体现。

4. 产业共生系统的类型

有多种因素影响产业共生网络系统的形成，根据产业共生网络系统形成的原因来分析，既有内在动力机制的作用，也有外部环境的推进，因此共生网络可以分为三种类型：因技术关联所形成的共生网络，因供求关系所形成的共生网络和因业务链接所形成的共生网络。不同类型共生网络的内部结构和运作模式有很大的差异。

（1）因技术关联所构建的产业共生系统。

随着知识经济时代的到来，技术密集型产业之间通常形成以技术为联系的产业共生网络。知识的转移和共享已经超越产业的边界，整个经济社会都可以看作一个知识传播和扩散的网络，产业间共生网络在不同领域知识的交汇融合的过程中推动发展。知识具有明显的溢出效应，具有明显的非竞争性和非排他性，产业共生网络内各产业通过从不同环节、不同产业链学到不同知识，从而提高整个产业的技术创新能力。技术是交流的重要介质，在这种类型的共生网络中，共生产业间通过技术的共享、耦合、转移不断推动产业的改革和技术创新，其主要作用在于开发相关应用技术和开拓产品的适用边界，赢得更大的市场空间和更多的客户群体。

（2）因供求关系所构建的产业共生系统。

这种类型的产业共生网络是在社会分工细化的前提下产生的，供求关系是建立产业间共生网络的一种动因，产业间因产品或服务的供需建立了关联关系，在系统运行过程中实现了价值创造能力、专业化程度和效率水平的提升，制造业与生产性服务业共生网络是最典型的代表。

（3）因业务链接构建的产业共生系统。

因业务链接所建立的产业共生网络，产业的发展不仅决定于自身的发展水平，还受到其他关联产业的约束，其作用在于组合产业的业务模块对提升产业附加值具有协同效应。各产业单元之间可以利用自身的优势累积，形成自增强、自适应和自组织的特性，产生的"1+1>2"现象，即整体收益大于各独立组成部分之和的效应。

2.2.4 物质流理论

1. 物质流理论的内涵

物质流是企业、产业和区域循环经济发展的核心和基础，通过对投入的原材料进行全过程追踪，可掌握区域内物质输入量和产生产品、废弃物输出量，以便有效调控经济系统与生态环境的物质流动方向和流量，从而达到提高资源能源使用效率，减少资源能源投入量，达到减少废物排放量的目的和最低经济发展对生态环境的影响。质量守恒定律是物质流分析方法的原则，是对经济活动中投入的产品、副产品、废弃物和物质量的产出以及物质流动路径进行分析的一种工具。使用这种工具，我们可以对环境污染、经济发展与资源能源消耗的变化关系进行评价和分析，所以物质流分析是实现经济可持续发展的重要调控手段，也是发展循环经济的重要技术支撑[1][2]。

物质流分析的基本思想是经济体对环境产生的影响程度取决于进入循环经济系统内的物质的质量与数量，以及从经济系统排放进入环境系统的废弃物的质量与数量。对经济体在经济活动中物质流

---

[1] 徐明，张天柱. 中国经济系统的物质投入分析 [J]. 中国环境科学，2005，25 (3)：324-328.

[2] 黄和平，毕军，张炳等. 物质流分析研究述评 [J]. 生态学报，2007（1）：368-379.

动进行定量分析是物质流分析的核心，了解和掌握循环经济系统中物质的流量和流向。建立在物质流分析基础上的物质流管理则是通过对物质流动的流量和方向的调控，达到预定的目标，使资源能源的使用效率得到提升，因此，物质流分析对于优化循环经济系统中物质投入量和输出量比例，构建环境友好型、资源节约型社会具有重要意义。

2. 物质流核算方法

物质流核算方法可以分为产品层面物质流核算、企业层面物质流核算、行业（产业）层面物质流核算和国家（地区）层面物质流核算[1][2]。

产品层面物质流核算方法是对产品生命周期中的各个阶段的环境影响、作用和存在方式做出评价，通常使用"生命周期评价"分析方法，

企业层面物质流核算方法用来分析企业内的物质使用总量对环境产生的影响，是指物质流从开始进入企业到最后离开企业过程中的流向和流量。

行业（产业）层面物质流核算也称为元素流核算，目前，世界各国关注较多的是磷、重金属、氯、氮、碳等物质和元素，主要是对特定的元素或者物质在经济系统生产和消费过程中的空间分布和流向，以及对环境影响进行的分析。

国家（地区）层面物质流核算方法是考察进入区域或国家经济系统的物质流情况，也称为经济系统物质流核算方法，其分析观点是：进入经济系统的能源资源的数量和质量，将造成环境退化，会

---

[1] 张培. 基于物质流分析的工业园生态效率研究 [D]. 暨南大学硕士论文，2011.
[2] 岳强，王鹤鸣，陆钟武. 基于总物质流分析的我国钢铁工业生态效率分析 [J]. 环境科学究，2014，27（8）：915–921.

对自然环境产生扰动；从经济系统排放进入自然环境的废弃物数量和质量则会引起严重的环境污染。这个层面的物质流分析目的在于揭示特定区域内的物质转化效率、流动规律以及流动特征对环境的影响效果等。

3. 物质流分析中的物质

物质流分析中的"物质"含义广泛，可以是企业生产用的物料，如化石燃料、矿物质、固体废弃物、金属等，还可以是其他的物质，如森林资源、渔业资源、农业资源等，这些物质一般由国外进口和国内生产两部分组成。

对于经济系统来说，输入的物质一般是指原材料和能源，输出的物质一般是指产品和副产品（包括废弃物和污染物）。一般来说，进入经济系统的物质主要包括：从国内得到的资源能源和从国外进口的林产品、能源和农矿产品等物质；进口的半成品、制成品等商品类物质；进口的废钢、废纸和废塑料等可以循环再利用的废弃物。物质投入主要有以下几条代谢路径：①以空气污染物，水污染物，固体废弃物或散逸流等形式进入环境。②在社会经济活动边界内的物质累积，成为生命周期较长的耐用消费品以及基础设施等。③物质以制成品、半成品的形式出口到其他国家和地区。

2.2.5 产业生态化理论

1. 产业生态化内涵

产业生态化是把传统产业构建成具有完善的生态功能和生态系统承载能力的产业共生网络，是以生态学和循环经济理论为依据，通过多个生产系统间的耦合，形成能量和物质的循环多级利用，促进产业经济环境系统的良性循环。

传统产业经济活动的空间集聚,带来了经济发展和繁荣,也造成了对资源无节制的消耗和对生态环境的破坏,使经济发展陷入了两难的境地。这种产业系统是一种线性的单向耦合,一方面从自然界获取大量的资源能源;另一方面,造成了环境污染,大量的副产品和废弃物排放到了自然环境中,为了提高产业生态经济系统的生态效率,最大限度地减少经济发展对自然环境的双向损耗,应进行生态化转型对传统产业运行模式,改变产业系统的资源和环境的单向耦合关系,建立一种有补偿回路、循环的耦合关系,构建产业间的共生网络链。

2. 产业生态化的目标

产业生态化建设的目标通过构建共生网络,将不同产业横向耦合,将生产、消费、回收和环境环境保护纵结合向,并基于产业物质代谢分析,使产业发展摆脱消耗物质总量随经济发展而增加的传统经济发展方式,实现产业的可持续发展。产业生态化目标不以牺牲经济增长和公众福利的改善为代价,产业生态化建设应保持经济系统的平衡,使社会经济活动所耗费的物化劳动和活劳动在获得经济发展时得到补偿,具体表现为:一是高效转换系统。产业的各项活动在原材料—产品—废弃物或副产品的转换过程中,通过发展高新技术尽可能地提高物质转换率,减少资源和能源消耗;二是高效支持系统。产业生态化应有一定的基础设施作为支撑,为能量流、信息流、价值流、人员流和物质流的运动创造必要的条件。三是人文环境。产业发展应具有较高的员工素质,良好的人文环境,良好的社会秩序和社会风气,丰富的精神生活,以及环境保护意识。

3. 产业生态化的内容和特点

产业生态化通过有毒物质替代、有害气体的吸收及废弃物统一处理来减少环境影响或者生态破坏,但产业生态化不仅仅是绿色产品和环境保护的集成,而是通过产业层叠和共生来实现资源利用效率最大化。通过再生、再循环和回用对资源进行可再利用,形成共生网络链,而不是单一的废弃物或副产品的交换。

洛伊等指出产业生态化最本质的特征在于企业与自然环境间的作用以及企业间的相互作用。对生态产业系统的主要描述是效率、相互作用、系统、资源和环境。产业生态化具有以下特点。

(1) 清洁生产。

清洁生产从源头削减污染,提高资源利用效率,是指采取不断改进设计、使用清洁的能源和原材料、利用先进的生产技术和设备、改进管理等措施,综合利用、减少或避免生产、服务和产品使用过程中产生的污染物和有害排放,以减轻或消除对环境的破坏。目前清洁生产技术已超越了单纯的生产领域,而是整体对原材料供应、产品生产、消费、环境吸纳和循环再利用的整个生命周期进行产品设计。发展循环经济就是改变传统的发展观念,从整个生态系统出发,提高资源能源的利用效率,降低经济活动对环境造成的风险,实现社会的可持续发展。产业生态化是循环经济在生产领域的实现方式,实行清洁生产是产业实现循环经济的基本要求。

(2) 资源生态化利用。

经济社会的经济发展是无限的,当今经济社会的经济发展大多是通过对一次性资源能源的消耗来实现的,但资源的存量在特定时期内却是保持不变的,曾经有专家预测,当对资源的消耗量超过储量的一半时,经济社会将会出现衰退。循环经济模式下的产业生态化是实现可持续发展的必然选择,而生态化利用资源能源是其最显著的特性。

(3) 经济高效。

产业生态化的经济效益是通过提高资源利用效率、资源能源梯级利用、废旧物资的回收再利用等途径实现的。当前经济发展面临越来越严重的环境污染和资源短缺问题，经济高效是产业生态化发展的动力，以资源能源生态化利用为特征的循环经济具有比较优势。

（4）环境良好。

生态产业园区的良好的生态环境是运用清洁生产技术而不是靠末端治理来实现的，在保持良好生态环境的基础上提高经济效益，降低生产成本。末端治理不追求零排放，是对生产过程中产生的污染物进行处理，而以实现达标排放为最终目标。产业生态化要求应用清洁生产等技术，实现对资源的循环利用。从环境视角看，物质循环利用意味着减少了对环境的污染；从经济视角看，循环利用提高了资源的利用效率。

4. 产业生态化与经济增长及物质减量化的关系

（1）产业生态化与经济产长的关系。

构建产业共生网络的使产业园区内相互联系的企业形成上游、中游、下游结构完整的产业系统。上游企业产生废弃物或副产品可以作为下游企业的生产原料。产业园区是产业集群的一种表现形式，当达到一定规模就会具有很强的集群经济效应，产生强烈的吸引和辐射作用，吸引人才、资金和其他产业参与集群扩张，其内部的专业化程度也必然增强，而且，共生网络内产业间的竞争动力也促使各产业保持创新动力并使其产业具有更高的生产效率，在此基础上建立的循环经济产业共生网络就会产生更大的经济效益。

（2）产业生态化与物质减量化的关系。

产业生态化促进物质减量主要体现在以下两个方面：一是实现从源头控制资源能源的投入，通过建立的产业共生网络反映各企业的资源能源使用状况，使物质在空间和时间两个方面集约使用，减少产业内和产业间的物质流动,从而实现物质消耗减量化的目标。二是采用资源的梯次利用,促进产业间相互利用副产品和废弃物资源化提高资源能源的利用效率,以降低物质的流动速度。

2.3 理论框架与思路

新疆氯碱化工产业发展循环经济的目标是实现资源、能源减量化,环境污染最小化和经济增长最优化。提高新疆氯碱化工产业生态效率的实质就是增加经济价值量,同时减小资源环境消耗量,在增加经济增长和社会福利的同时降低资源消耗和污染排放。因此,生态效率是新疆氯碱化工产业发展循环经济的合适测度[①]。本研究为评价新疆氯碱化工产业生态效率及其影响因素构建了一个针对新疆氯碱化工产业生态效率评价研究的理论分析框架,如图2-1所示,运用循环经济理论、生态产业链理论、共生网络理论、物质流理论和产业生态学理论等对新疆氯碱化工产业生态效率—以新疆天业为例进行了评价研究。

如图2-1所示,新疆天业循环经济、生态效率及其影响因素之间具有相互影响的作用。本研究理论分析框架中的循环经济部分包括生态产业链、物质流和产业共生网络系统。新疆天业循环经济模式把传统的由资源—产品—废物构成的物质单向流动的生产过程,重构组织成一个资源—产品—再生资源—再生产品的反馈式流程和"低开采、高利用、低排放"的循环经济模式,形成循环经济产业链每一个生产过程中产生的废弃物和副产品都有可能变成下一

---

① 诸大建,邱寿丰. 生态效率是循环经济的合适测度 [J]. 中国人口·资源与环境,2006,16 (5):1-6.

个生产过程的生产原料，实现物质闭路循环和能量多级利用，使不同产业之间形成共享资源和互换副产品的产业共生网络链，使上游生产过程中产生的副产品和废弃物成为下游生产过程的生产原料，实现了综合利用。通过物质流建立了产业生态系统的"食物链"和"食物网"，实现新疆天业物质流的闭路再循环，形成互利共生网络。

针对新疆天业的生态效率，本研究利用生态效率理论，将污染物排放作为一种非期望输入，从不期望产出的角度出发，引入数据包络分析模型中，并将该模型应用于生态效率评价中。

另外，如图2-1所示，针对新疆天业生态效率的影响因素，本研究利用企业管理理论，共生网络理论，生态产业链理论，产业生态学理论和循环经济理论，构建了企业管理水平、产业间共生体、地方政府管理、生态文化与市场等层面因素对新疆天业生态效率的影响的概念模型。将企业管理水平、产业共生体因素作为生态效率影响最大因素进行分析，分析了新疆天业循环经济产业链的稳定性对生态效率的影响。利用政府管理理论，分析了地方政府的财政资金支持以及税收优惠等政策对新疆天业循环经济产业链稳定性的影响。利用产业链理论和共生理论对新疆天业循环经济产业链稳定性进行了分析。利用产业生态学理论对新疆天业所应承担的社会责任、环境保护意识、生态化技术、生态文化和市场进行了分析。随着社会各个层面逐步提高其环保意识，将会进一步地提高其对生态产品的市场需求，这最终将会进一步促进新疆天业符合外部市场需求。生态化技术是新疆天业发展循环经济的前提条件，但技术只是一种手段和工具，有了生态化技术也未必就能使得新疆天业成功实现循环经济的转型升级。

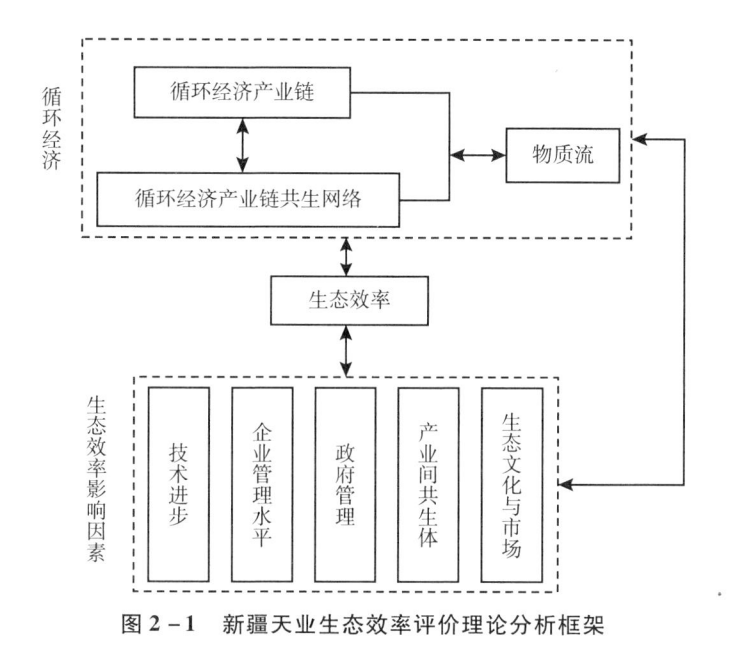

图 2－1　新疆天业生态效率评价理论分析框架

2.4　本章小结

　　本章首先介绍了循环经济模式和生态效率的概念，由于新疆氯碱化工产业的生态效率评价涉及的学科较多，本章只介绍了与本研究有关的循环经济理论、生态产业链理论、产业共生理论、物质流理论，以及产业生态化理论；其次，分析了本书的理论框架，按照生态效率评价，如何从产业链、产业共生和物质流来评价生态效率的研究思路展开本书，并对本书中产业链、产业共生以及物质流与生态效率的关系进行了理论分析，为本书的展开奠定了理论基础。

第 3 章

新疆氯碱化工产业发展简介

3.1 发展基础

1. 自然资源

新疆矿产资源丰富且地域辽阔，新疆煤炭储量占全国煤炭总储量的42%，且煤层浅、煤质好、易开采。同时，新疆原盐以湖盐为主，氯化钠含量高达95%以上，储量高达18亿吨。[①] 石灰石储量异常丰富，且品位较高，这就决定了电石法聚氯乙烯在新疆的资源优势。因此，新疆发展氯碱化工产业具有先天的优势，发展氯碱化工产业，把煤、原盐和石灰石生产成聚氯乙烯，就可以把新疆的资源优势转化为经济优势。

氯碱化工产业是个成熟行业，低廉的能源价格是新疆氯碱化工行业的取胜之道，目前，我国的电石法氯碱化工企业的产品和生产

---

① 新疆统计年鉴2010年。

工艺高度同质化，成本是企业竞争力的决定因素，谁的成本低，谁就能在市场竞争中立于不败之地。而决定新疆氯碱企业成本的关键因素就是石灰石、煤和原盐的价格。未来石油价格仍然处于较高的位置，电石法相当于石油乙烯法具有很大的成本优势。

2. 产业政策

国务院 2004 年下发的关于"中国的民族区域自治"的文件中，明确了在西部大开发中新疆的重要地位，确立了新疆今后稳定和发展的战略目标、战略措施、战略方针以及一系列的政策支持。未来新疆氯碱化工行业的产业发展格局应当是以功能型、区域性大型企业集团为市场主体的竞争格局。由此，我国氯碱化工产业实施优化配置资源政策，引导中东部地区企业向资源富集的西部地区投资发展氯碱化工产业，这对于发展新疆氯碱化工产业无疑是重大的机遇。调整我国的氯碱化工工业布局，在西部盐、煤和电等资源富集地区重点建设大型氯碱化工企业。

在 2010 年和 2014 年，中央两次召开新疆工作座谈会议，优势资源转化、高效节水、现代物流、劳动密集型产业都将成为今后国家支持新疆发展方面的重点，新疆经济社会的发展站在新的历史起点上，给新疆的发展带来了许多新的机遇。中央提出建设"丝绸之路经济带"的倡议，最受益的是新疆。新疆作为我国向西开放的桥头堡，作为古丝绸之路最核心的地带，新疆氯碱化工产业的发展面临重大机遇。正是国家战略调整，对新疆的政策迎来了从"后"到"前"的根本性转变，从专注发展东部到推动西部开放发展的变化。

3. 地理环境

新疆地处中国西北边陲，位于亚欧大陆中部，总面积 166.49 万平方公里，占全国陆地总面积的 1/6，周边与哈萨克斯坦、俄罗斯、塔吉克斯坦、吉尔吉斯斯坦、阿富汗、印度、蒙古国、巴基斯坦8个国家接壤。新疆与相邻国家特别是中亚国家经济互补性很强，中亚国家能源丰富，但制造业和加工业水平低，轻工产品和日用消费品主要依靠进口，而新疆轻工业、消费品制造业近年来发展迅速，出口潜力巨大。中国企业在资金、技术方面的优势，对这些国家有相当的吸引力。新疆不仅地缘区位优越，而且对外开放基础条件也比较好。近年来，在中央政府的支持和重视下，新疆已经形成了多领域、全方位、多层次的对外开放格局，成为我国未来向西发展的重要陆路通道和开放的前沿。尽管新疆相邻的大多是欠发达国家，但在经济全球化条件下，欠发达国家对外也有市场需求，从长远看，新疆相邻国家有着广阔的市场前景。此外，新疆还是我国通往欧洲的战略通道。在近代海路交通大规模开通之前，新疆一直是中国通往西方、亚洲和欧洲的必经之地是经济、文化交流的交汇中心，此外，新疆还是举世闻名的"丝绸之路"。

4. 工业基础

近十几年，新疆加快培育竞争力强的产业，围绕其资源优势，大力发展工业经济，已形成了以石油石化、煤炭、冶金、建材、纺织、有色金属、机电和轻工等为主体的现代工业体系，同时一大批基础设施建设项目顺利完成，为新疆氯碱化工产业的发展打下了坚实的工业基础。

3.2 发展规模

聚氯乙烯的生产工艺分为电石乙炔法和石油乙烯法，它是用途广泛的高分子合成材料。由于我国贫油少气的原因，新疆地区以电石乙炔法为主，东中部省份企业以石油乙烯法为主。近十几年，我国的氯碱化工产业发展迅猛,已跻身世界氯碱化工产品的生产大国前列。自2003年以来,由于原油价格上涨和聚氯乙烯反倾销成功等因素,从2004~2013年,我国的聚氯乙烯产量从420多万吨增加到1 570多万吨,推动了我国电石法聚氯乙烯产能的迅速扩张[①]。

氯碱产品最大的消费市场就是在我国的东部地区,对外出口和就地消费比较便利;而西部地区电力、煤炭资源丰富,凭借规模优势和优势资源通过低成本扩张,具有相对较高的行业集中度。为了得到充分的原料保障,一部分氯碱化工企业逐步从东部地区向中西部转移,正在形成东部乙烯法聚氯乙烯为辅、西部地区电石法聚氯乙烯为主的氯碱化工产业发展格局。

新疆地区的一些电石法聚氯乙烯企业把传统的氯碱化工发展模式演化为"煤炭—电厂发电—电石生产—聚氯乙烯和烧碱"的一体化循环经济模式,这些电石法聚氯乙烯生产企业已经走出了传统氯碱企业高成本、高污染、高排放的技术"瓶颈",凭借资源优势和一体化产业链的经营模式,把生产成本优势降到全行业最低。新疆地区的氯碱化工企业依托资源优势将氯碱化工与其他产业相配套拉动地区经济发展,成为全国氯碱化工产品产能最大和增长最快的地区。

3.3 发展模式

3.3.1 传统的发展模式

新疆目前的工业化水平较低,在全国处于较落后的水平,环境

---

① 张培超.2013年上半年中国氯碱行业经济运行分析及发展预期[J].中国氯碱,2013 (8): 1-4.

污染严重，可持续发展面临严峻挑战，已经成为制约新疆经济发展的决定性因素。新疆氯碱化工产业作为新疆国民经济的重要组成部分，是实现地方经济高速发展的重要保障之一。新疆氯碱化工产业的主流工艺是电石法聚氯乙烯，但传统生产工艺产生的高能耗、高污染，已经成为重大"瓶颈"阻碍着新疆氯碱化工行业健康的发展。新疆氯碱化工产业传统的发展模式是粗放型的，主要通过生产要素的大规模投入，即依靠扩大厂房面积，增加劳动力人数，增加机器设备，以能源资源的高投入、高消耗来拉动，以牺牲环境为代价等来实现的。这种实现方式资源能源消耗较高，产品成本较高，经济效益较低。

近十几年，新疆氯碱化工产业快速发展，资源能源消耗也迅速上升，甚至超过了新疆氯碱化工产业的发展速度。目前，新疆氯碱化工产业资源能源利用效率为30%，比发达国家低约12个百分点。平均氯碱产品的单位能耗比国际先进水平高34%。[①] 在新疆氯碱化工产业发展的同时，企业所在地的生态破坏、环境污染问题集中显现出来，这种高消耗、高投入、低效率、高排放的粗放扩张型的经济发展方式已难以为继，结果导致新疆氯碱化工产业投资规模过大，同时造成了十分严重的资源环境问题。

新疆氯碱化工产业传统的发展模式对资源的获取和向环境中排放污染物造成了企业所在地生态环境的恶化，传统的发展模式对污染物采用末端治理的方式（如图3-1所示），就是实施治污技术针对生产过程产生的污染物，以降低其对生态环境的污染，在氯碱生产过程中的最末端。

---

① 邓科，张定明. 中国氯碱产业发展现状及未来竞争特点分析 [J]. 中国氯碱，2013，49 (11): 1-15.

图 3-1 末端治理模式

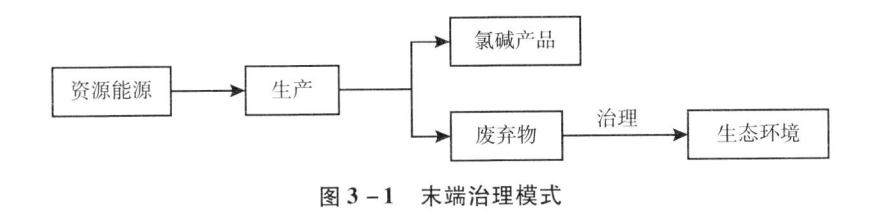

末端治理模式虽然可以在一定程度上降低环境污染，可是随着新疆氯碱化工产业的不断发展和时间的推移，就会日益显露出末端治理模式的局限性。一是环保设施投资大、会影响企业的经济效益，加大企业的生产成本；二是末端治理模式在对污染物进行处理的同时又会产生新的污染物治污并不彻底，环境污染并不能够从根本上被消除；三是末端治理模式不能制止对自然资源的过度获取和浪费，其并没有涉及有效利用资源。

新疆氯碱化工产业自 2005 年以来，以年均 35% 的速度发展，因此要想减少企业污染的发生，需要一种新的思路与方法来应对严峻挑战，就必须加强过程控制，发展循环经济实施清洁生产，从根本上解决资源环境问题。

3.3.2 新疆天业循环经济模式

1. 形成了完整的循环经济产业链

新疆天业将产业和产品进一步向上、下游延伸，按照"循环化、可持续、规模化"的发展思路，形成了以资源化利用废弃物产业链和高效利用资源为核心的主导产品产业链，即废弃物资源化利用产业链，即工业副产品和废渣—废旧滴灌带回收与再利用和水泥生产，这个产业链使上游产业处理废弃物的过程转变为下游产业收集原料的过程，将上游产业的副产品或废弃物变为下游产业的生产原材料，进一步增强了主导产业链产品的市场竞争力。另一个是资源（石灰石、盐、煤）—电厂发电—电石生产—聚氯乙烯和烧碱—农业节水器材—节水农业—番茄酱和柠檬酸—畜牧养殖。该产业链以新疆丰富的石灰石、盐和煤炭资源为起点，以聚氯乙烯树脂、烧碱及下游产品为终点，以电力为载体，大幅度提高了各类资源的转换效率。

2. 产业布局合理，经济效益显著

新疆天业涉及的产业领域已横跨煤电、电石、矿业、节水器材、化工、建材、物贸、食品等行业，实现了资源最有效的循环利用，各产业之间环环相扣，实现了排污最小化，资源能源效应最大化。

循环经济战略的成功实践和布局，使新疆天业进入了健康持续的发展轨道。循环经济已经成为企业解决发展和技术问题的主要出发点，成为打造企业核心竞争力的重要支撑，成为新疆天业进一步发展企业战略的重要基础。

3. 生态建设和环境保护效果显著

通过加强环境保护和生态建设，新疆天业走上了一条经济效益好、科技含量高、环境污染少、资源优化利用、资源消耗低的循环经济之路。环保节能不仅没有成为企业发展的负担，还成为企业利润的重要来源。传统的聚氯乙烯电石法生产工艺，会导致高污染、高能耗、高成本、产品质量也不稳定，难以支撑其可持续发展和规模化，只有依靠科技创新新疆天业才能突破节能成本和环保两大"瓶颈"，跳出原有的经济发展模式，构建循环经济的新发展模式。

新疆天业在生产过程中节约原材料和能源，减少有毒性的废弃物和副产品产生，禁止有毒有害原材料进入生产过程，要求产品在设计中融入环境因素，减少产品从原材料采购、生产和销售的全生命周期过程对环境带来的不利影响。

新疆天业强调清洁生产使用清洁能源，要求在整个生产过程中采取系统性的环境保护与节约资源策略，充分利用可再生能源，尽量减少原材料与能源的消耗；在清洁生产过程中，降低对不可再生资源的消耗，尽可能减少废弃物在产品生产过程中的产生，使产品的使用周期得以延长，进而减少对环境造成污染（如图3-2所示）。

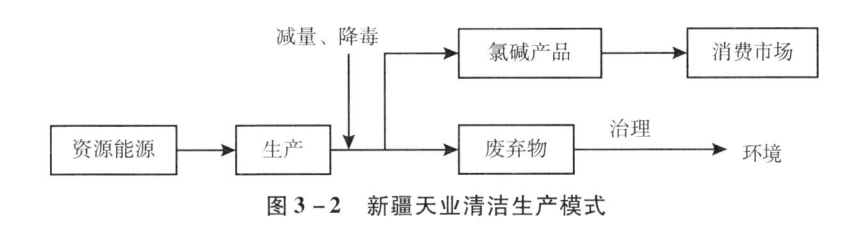

图3-2　新疆天业清洁生产模式

清洁生产是一个宏观层面的概念，相对于新疆粗放型传统的氯碱生产工艺而言；清洁生产又是一个动态的概念，相对于新疆天业现有的氯碱化工生产工艺和产品而言，它本身仍需要不断地完善。

新疆天业不断进行循环经济的技术管理和模式创新，将其中一个企业产生的副产品或废弃物作为另一个企业所需的生产资料。将整个循环经济系统视为一种近似于自然生态系统的循环体系，整个循环经济系统内各个要素相互依存，将废弃物最终转化为生产原材料，近似于自然生态系统的食物链过程（如图3-3所示）。

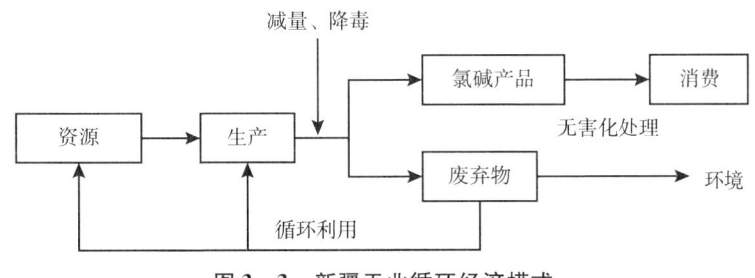

图3-3　新疆天业循环经济模式

4. 新疆天业发展循环经济的意义

(1) 产品质量方面。

长期以来,我国的聚氯乙烯电石法生产企业由于技术水平落后、生产规模小、其产品质量始终同聚氯乙烯石油乙烯法生产工艺存在有一定的差距。新疆天业不断加大科技投入和技术创新,推动电石法聚氯乙烯工艺的技术进步,使电石法生产聚氯乙烯树脂的质量达到了石油乙烯法的产品标准[1][2][3]。

(2) 新疆天业循环经济模式破解电石法聚氯乙烯生产工艺的困局。

在我国,由于能源结构特点为多煤、贫油、少气,因而聚氯乙烯的生产工艺路线主要为电石法。近年来,经过新疆天业不断的技术创新,电石法生产聚氯乙烯工艺取得了很大的进步,新疆天业依托本地资源优势,大力发展以电石法聚氯乙烯为核心的"煤—电—聚氯乙烯—电石渣水泥"一体化循环经济项目,将电石法聚氯乙烯生产技术的发展推向新的高峰[4]。

新疆天业打造的核心竞争力不仅仅体现在规模上,更体现在发展循环经济产业链、组织管理和技术创新上,是我国氯碱化工行业内最具竞争力的企业之一。通过发展技术创新、决策者理念的创新和模式创新,不仅实现了生产设备的节能,还实现了循环经济系统的节能以及产业链的节能。

从配套生产聚氯乙烯电的电石、电石渣制水泥、烧碱产业链来

---

[1] 韩钦生,孙芳. 乙炔法 PVC 与乙烯法 PVC 对比 [J]. 聚氯乙烯,2009,37 (9):5-12.

[2] 轩卫华,靖志国,熊新阳. 国内特种 PVC 树脂的开发及市场需求 [J]. 聚氯乙烯,2014 (12):1-6.

[3] 薛之化,陈立春. 国外 PVC 生产技术最新进展 [J]. 聚氯乙烯,2015,39 (6):1-14.

[4] 倪锐利,陈江. 30 万 t/a 乙烯法氯乙烯/聚氯乙烯生产工艺技术国产化开发 [J]. 聚氯乙烯,2011,39 (5):19-21.

进行分析，将配套的电石、电石渣制水泥、烧碱全部折算到生产聚氯乙烯上，电石法工艺每生产一吨聚氯乙烯的电力消耗达到 8 000度，电石的成本占到聚氯乙烯总生产成本的 40% 以上。在 2013 年7 月，国家每度电提高 2.5 分钱，如果新疆天业在没有自备电厂的情况下，电石法聚氯乙烯生产工艺每吨成本将上升 240 元。煤电化一体化循环经济模式从根本上提高了新疆天业的市场竞争力，现在国内工业平均用电价格在 4 毛钱左右，新疆天业每度电的成本在 2毛钱之内，一体化循环经济模式的成本优势非常明显，和同行业其他企业相比较生产每吨聚氯乙烯的成本就相差 1 650 元以上。[1][2][3]

（3）新疆天业循环经济模式改变了国家对电石法生产聚氯乙烯企业的政策。

利用循环经济的理念新疆天业发展煤电一体化产业，使传统的高能耗、高污染聚氯乙烯电石法生产工艺发生了根本性的改变。对于传统聚氯乙烯电石法生产工艺而言，在生产过程中面临较大的环境保护压力，废弃物和污染物难以治理且排放量大。新疆天业不断进行技术创新实现了电石渣的综合利用，开发并建成了与干法乙炔相配套的电石渣水泥装置、湿磨干烧电石渣水泥装置，并创造了可观的经济效益。国家有关部门为此专门下发了文件，鼓励发展电石渣生产水泥技术，为聚氯乙烯电石法大规模发展奠定了基础[4][5]。

---

[1] 周军. 新疆天业发展循环经济模式的探讨 [J]. 氯碱工业，2007（2）：3 - 5.
[2] 安志明，张立，周军，余显军，宋斌. 电石炉气回收经济性分析 [J]. 聚氯乙烯，2013，41（6）：42 - 44.
[3] 周军，张新力，安志明. 煤电盐化一体化：氯碱工业发展的新亮点——以新疆天业创新推动氯碱工业发展模式为例 [J]. 新疆农垦经济，2005（7）：19 - 22.
[4] 中华人民共和国环境保护部，HJ476—2009. 中华人民共和国国家环境保护标准，清洁生产标准氯碱工业（聚氯乙烯）[M]. 北京：中国环境科学出版社，2009.
[5] 中华人民共和国环境保护部，HJ475—2009. 中华人民共和国国家环境保护标准，清洁生产标准氯碱工业（烧碱）[M]. 北京：中国环境科学出版社，2009.

为适应国家节能减排的要求，新疆天业构建了聚氯乙烯电石法清洁生产的模式，多年来年新疆天业在环保领域做了大量的工作并取得了重大突破，明显改善了企业发展的外部环境，使国家对这个行业的政策由限期淘汰转变为规范发展。

为了实现电石法聚氯乙烯得到可持续发展，我国有关部门不断加大调控力度在节能减排和产业布局等方面。2007年，国务院西部开发办、国家发展和改革委员会（以下简称国家发改委）等部门明确把具备资源优势的内蒙古、新疆、宁夏等地纳入我国的氯碱化工产业生产基地，并联合下发关于促进西部地区优势产业发展的意见。2007年国家发改委将新建电石法聚氯乙烯企业的生产规模从2000年的10万吨提高到30万吨，提高了氯碱行业的准入"门槛"，引导生产地向资源富集地集中，又相继出台了《氯碱行业准入条件》及《电石准入条件》，明确鼓励氯碱化工企业建设配套设施和电石生产，对氯碱生产进行了合理布局。2009年8月，国家环保部发布了包括烧碱和聚氯乙烯标准的行业清洁生产标准，是电石法聚氯乙烯生产企业发展的重大机遇，国家不断出台产业政策折射出国家高度关注电石法生产聚氯乙烯产业的发展，将进一步提高我国电石法聚氯乙烯清洁生产的水平。

在国家相关产业政策的指引下，建设大型煤炭—发电—电石生产—烧碱和聚氯乙烯—电石渣生产水泥成为建设电石法聚氯乙烯生产企业的典型模式，行业集中度和资源利用效率都将显著提高，全国各地的电石法聚氯乙烯生产企业向具有资源优势的西部地区转移的趋势十分明显，新疆聚氯乙烯产业将进入一个新的发展阶段[1][2]。

---

[1] 费红丽，梁诚. 横向耦合纵向延伸推进氯碱产业集群化发展[J]. 氯碱工业，2014（9）：1-22.

[2] 郁红. 电石法聚氯乙烯：还要不要搞？要怎么搞[N]. 中国化工报，2014：11-07.

3.4 面临的挑战

1. 国际条约

2004年,《斯德哥尔摩公约》在我国生效,列入公约永久性有机污染物与氯碱化工有关,控制和削减污染物的排放势必给新疆氯碱工业的发展带来一定的压力。2005年,《京都议定书》在我国生效,其要求成员国防止全球气候变暖进而减少温室气体的排放。电石乙炔法聚氯乙烯的生产都与高污染、高耗能和高排放有关。电厂发电需要消耗大量煤炭,燃烧煤炭必然要释放大量二氧化碳、二氧化硫和氨氮等有害气体,开采煤炭也会向大气排放煤层气。这些都将会对新疆氯碱化工产业的发展有约束作用。

2. 法规与产业政策

2015年1月1日实施的新《环保法》,使高耗能、高排放、高污染的新疆氯碱化工产业,在产品价格持续走弱、盈利水平较低、资金链紧张等一系列问题困扰下,面临环保压力加大,产品成本增加的问题。

国家对聚氯乙烯和烧碱项目统一由国务院有关部门直接进行审批,国家发改委应淘汰落后产能,实行总量控制,严格控制行业产能扩张。国家政府有关部门应直接管理新建项目的安全评价、环境影响评价、核准管理、土地使用或项目备案。

对氯碱行业开展准入管理,对已经投产和审批建设项目按照"氯碱(聚氯乙烯、烧碱)行业准入标准"中规定的能耗标准、安全评价标准、配套设施要求、环境评价和规模要求进行审查。促进行业的优胜劣汰,对不同发展和建设水平的企业实施差别化的税收、信贷政策和电价等。

3. 生态退化

新疆土地荒漠化、沙漠化比较严重。可用于农林牧业的土地面积约107 205万亩，占42.29%，其中可垦地11 310万亩，已耕地6 187.5万亩；新疆占全国荒漠化土地总面积的32%，荒漠化总面积已超过15亿亩，是我国荒漠化干旱最严重、分布面积最大、分布最广的省份，并且新疆现有耕地1/3以上有程度不同的盐碱化，脆弱的生态环境需要社会合理的开发利用，保持自然资源的可持续发展。①

新疆现可利用的天然草场面积约为72 000万亩，但1/3的草场植被衰退，生态服务功能逐步降低；新疆人工造林约为1 050万亩，但由于山地的原始森林减少，降低了森林水资源的涵养功能，平原天然林因滥砍滥伐和生态环境恶化，大面积减少，但不断的人工造林，中幼林面积在不断增加，森林蓄积量约2.97亿立方米。

水资源环境在不断恶化。新疆的水源主要来自高山融雪和山区降水，分布在阿尔泰山、天山和昆仑山三大山系的总冰川面积约为2.52万多平方公里，蕴藏的水量约为2.31万亿立方米，地表水年径流量的20%左右是来自冰川融水。② 新疆大小河流总共有572多条，但是一些河流下游已经开始出现断流，在新疆大部分河流的中、下游流程已经开始萎缩。同时，大量城市和工业污水、农田排水进入河流，使河水水质变差。

通过上述分析，我们可以看出，在这样的生态环境下如果继续采取传统的线型经济模式进行开发，经济的发展将会受到生态环境

---

① 尹德挺. 新疆沙漠化及其人口、经济成因 [D]. 新疆大学硕士论文, 2003.
② 李万明. 新疆水资源可持续利用对策分析 [J]. 新疆农垦经济, 2015 (4): 59 - 64.

的影响，并将会进一步破坏生态环境，甚至造成经济与环境的恶性循环发展，形成发展经济与保护环境的相互制约。

3.5 本章小结

随着近年来新疆氯碱工业的高速发展，国家对氯碱行业的发展提出了越来越严格的限制，资源环境问题对企业发展的严重制约也逐渐显露出来，继续按照传统方式发展必然使其劣势日渐凸显，竞争力持续下降。一方面，新疆的资源条件和建立在其上的电石法聚氯乙烯生产技术为新疆氯碱化工发展提供了更大的发展空间。与全国其他氯碱企业相比，新疆天业为其在更高水平上实现产业协同和开展资源综合利用创造了有利的条件，形成了"新疆天业模式"，破解了电石法聚氯乙烯生产工艺的高消耗、低产出、高污染的技术"瓶颈"，改变了国家对电石法生产聚氯乙烯企业的政策。另一方面，新疆天业十多年来在解决电石法聚氯乙烯资源综合利用各种技术难题的过程中，形成了新疆天业依靠自身力量通过持续的技术创新解决其面临特殊困难的企业文化。"新疆天业模式"为新疆氯碱化工产业的健康发展提供了借鉴和示范带动作用。

第 4 章

新疆天业循环经济发展现状分析

4.1 新疆天业发展历程

新疆天业（集团）有限公司（以下简称新疆天业）开发利用新疆丰富的煤炭、石灰石和原盐资源，建立了全国最大的氯碱化工生产企业。新疆建立了我国第一个氯碱化工产业循环经济产业园区，形成了产业链的大循环，新疆天业积极开展科技攻关，构建了电石法生产聚氯乙烯的新模式，将传统氯碱生产过程向上、下游延伸，为全国氯碱化工行业的循环经济发展起到了示范引领作用。但是，受资源特性和生产技术所限，新疆天业仍然面临资源利用效率低、能源消耗高、废弃物排放量大等突出问题。在我国资源环境压力日趋加大和氯碱化工行业竞争愈益激烈的社会经济背景下，无论是从企业自身的生存发展问题出发，还是从企业的社会责任考虑，降低资源能源消耗、减少污染物排放、提高资源利用效率都成为新疆天业的当务之急。国内外企业的实践经验表明，循环经济的转型升级是解决面临资源环境问题的重要途径[①]。

新疆天业的前身是新疆石河子塑料总厂，1987年3月在濒临倒闭、负债560万元的石河子玻璃厂的基础上创建起来的。1997年6月新疆天业股份有限公司在上海交易所上市、2006年2月新疆天业节水灌溉股份有限公司在香港成功上市。新疆天业目前主要拥有140万千瓦热电、200万吨电石、450万吨电石渣水泥、100万吨离子膜烧碱、120万吨聚氯乙烯树脂及600万亩农业滴灌塑料节水器材生产能力。聚氯乙烯、烧碱、电石、新型干法电石渣制水泥、塑料加工、农业节水器材位于全国同行业第一，新疆天业开发、研究的成本低、性能好、农民用得起的"天业农业节水滴灌系统"。[②]

新疆天业形成循环经济的发展模式经历了三个重要阶段：一是构建阶段（2003～2006年）；二是完善阶段（2007～2014年）；三是提升阶段（2014年至今）。构建阶段经过反复的调研论证，使新疆天业由仅仅生产烧碱和聚氯乙烯的单一模式成功转向煤—化—电—农业节水器材一体化模式。该阶段建成了国内第一套电石渣生产水泥装置，新疆天业依靠技术创新解决了困扰氯碱行业几十年发展的规模化利用电石渣难题，为实施产业可持续发展和循环经济战略奠定了坚实的基础。

在完善阶段，新疆天业结合企业实际情况、资源状况和技术状况，对企业循环经济战略体系进行深入分析和研究，先后成功开发出了废水、废气和废渣资源化利用成套技术，形成了完善的废水、废气和废渣综合利用网络，实现了上游产业的废弃物变为下游产业的资源、上游产业环境处理的过程转变为下游产业原料搜集的过程，使新疆天业循环经济迈向了更高的水平，相继成为国家循环经

---

① 张新力. 中国电石法聚氯乙烯的发展与挑战 [J]. 中国氯碱，2010（2）：1-3.
② http://www.xj-tianye.com/qyjj.jhtml.

济先进单位、国家循环经济教育示范基地。

在提升阶段，新疆天业以循环经济多元化、产品差异化、高附加值化的发展方向为拓展企业新兴产业的突破口[①]。

4.2 新疆天业发展循环经济的优势

1. 自然环境

新疆天业位于新疆石河子（新疆兵团第八师、石河子市简称石河子），地处天山北麓中段，古尔班通古特大沙漠南缘，境内有宁家河、玛纳斯河等五条河流，有年16亿立方米左右径流量，可采地下水量4.2亿多立方米。石河子建有22座大中型水库，水面2.5千公顷，已养殖1.5千公顷，有6亿多立方米的蓄水量。石河子，东距自治区首府乌鲁木齐市152公里，西距阿拉山口360公里，霍尔果斯口岸550公里与独山子、奎屯和克拉玛依等城市相邻。

石河子已建成农副产品深加工产业群、独具特色的大农业风光区及蔬菜、瓜果、花卉批发集散地、农用节水灌溉器材生产基地、生态园林城市景观区。近十几年，石河子市先后获得多项城市荣誉：2000年获"第三次全国城市环境综合整治优秀城市"称号和联合国"人居环境改善良好范例城市"；2001年获首届"中国人居环境奖"；2002年成为首批"国家园林城市"。并先后获得"全国创建文明城市工作先进城市"称号。[②]

2. 区位优势

新疆是西部大开发的重点省区之一，石河子位于新疆经济发展

---

① 张萍，李全胜. 电石法 PVC 发展的挑战和思路 [J]. 聚氯乙烯，2014（4）：12 - 17.

② http：www.shz.gov.cn/.

最为繁荣的天山北坡经济带中段,天山北坡经济带是新疆开发的重点之一,是乌鲁木齐经济圈城市之一,对发展整个天山北坡经济带具有承东启西的促进作用,是新疆重要的工业基地,也是重要的产业聚集区,节水器材城、作为西北化工城、西部纺织城和特色农副产品深加工区重点发展。

北疆铁路经过石河子,312国道也由此向西延伸,石河子充分利用其地缘优势,建立了面向中西亚乃至欧洲国家的向外出口的平台,加快了外向型经济的发展。

3. 资源能源优势

新疆占全国煤炭预测储量的40%,煤炭储量约为2.32万亿吨;原盐以湖盐为主,储量约为18亿吨;石灰石储量丰富在175亿吨,且品位较高。石河子市及周边地区探明煤炭储量在6亿吨以上,盐矿资源储量在2亿吨以上,石灰石储量1.5亿吨以上。[①]丰富的石灰石、原盐和煤炭资源使新疆具备氯碱化工工业发展的资源条件。

4. 产业发展优势

新疆天业从2003年5月开始投资兴建占地12.85平方公里、年产120万吨聚氯乙烯的化工产业园。

新疆天业在园区内建有自备热电厂为聚氯乙烯厂、水泥厂和电石厂提供廉价、稳定的热能和电能,降低了企业产品的成本。园区内建有一个年产95万吨和一个年产105万吨的电石厂,为聚氯乙烯化工厂提供生产原料。在园区内新疆天业水泥产业由年产120万吨的新疆天业天晨水泥有限公司、新疆石河子南山水泥厂以及年产80万吨青松天业水泥有限公司组成。水泥厂作为新疆天业循环经济产业链的重要组成部分,以聚氯乙烯厂产生的电石渣、硫酸渣,

---

① 新疆统计年鉴2010年。

电厂产生的炉渣、粉煤灰为原料，年可利用各种固体废弃物210万吨，2014年水泥生产能力为200万吨。新疆天业为了统一管理产品的调度、运输、仓储、销售等业务，成立了新疆天业物流公司，按照统一管理的思想对产品的储、运、销进行一体化运作。①

5. 环境保护管理

在2004年新疆天业化工园区于成立了ISO14001推进办公室，开展环境管理体系的认证工作，新疆天业内各企业都设有环境岗位，有相应的工作人员专门负责ISO14001推进工作。新疆天业对环境岗位的权限进行了设定，为确保人员能胜任该岗位，新疆天业定期对在岗人员进行评估。当地政府鼓励企业建立环境环保管理体系，制定了鼓励节能降耗和清洁生产的政策，设立了评价体系对企业的环保进行评价，对通过ISO14001认证的企业，给予奖励，并为了提高企业员工的生态、环保意识，定期对企业人员进行培训。

4.3 新疆天业循环经济模式分析

4.3.1 新疆天业循环经济产业链分析

新疆天业发展循环经济的载体是产业链，搭建循环经济产业链，形成生态产业链，是新疆天业循环经济发展的重要任务。产业链是一个复杂系统，在新疆天业循环经济发展的过程中受到高度重视。因为产业链之间不仅存在着复杂的能量、物质等副产品或产品

---

① http：www.xj-tianye.com/.

交换,还存在着动态的信息资源交换①。

在新疆优势资源的基础上,新疆天业目前形成了一个彼此紧密相关的、完整的循环经济生态产业链。在产业链中形成了上游产业促进下游产业,上游产业的废弃物或副产品是下游产业生产所需的原材料,消除了上游产业排放废弃物造成的污染,下游产业拉动上游产业的发展。这不仅促进了新疆天业循环经济的良性发展,延长了产业链,而且提高了产品的附加值,产业的竞争优势明显。在此基础上,新疆天业所构建的生态产业链通过能量递级利用、配套服务支持、物质(包括废弃物或中间产物)循环等构成了多种物质流链接的生态工业系统②。

新疆天业的循环经济产业链形成了网络链共生结构,产业内多条生态产业链相互间构成了横向耦合的关系,这一生态网络链使得企业产品的种类,市场供应以及对外界环境的随机波动、生产规模等对资源需求等具有较大的弹性,整体上大大加强了新疆天业抵御市场风险的能力。

1. 新疆天业循环经济产业链运行过程分析

根据循环经济的理念新疆天业构建生态产业链,形成互换产品或副产品和资源共享的生态产业链,按照"生产者→消费者→分解者"的循环途径,实现环境和经济效益的最大化与产业内投入的最小化,把不同的企业联结起来。煤炭→热电厂→氯碱化工→农业节水器材,这是新疆天业最核心的一条产业链,依托新疆丰富的石灰石、原盐和煤炭资源生产烧碱和聚氯乙烯,然后使用聚氯乙烯生产农业节水滴灌器材。各种工业废渣(硫酸渣、粉煤灰、电石渣等)→

---

① 李茜,刘宁,吴小庆等. 生态工业园工业共生网络的构建 [J]. 环境保护科学,2009,35 (5):70-72.
② 刁晓纯. 产业生态网络模式研究 [D]. 大连:大连理工大学,2008.

建筑材料（灰砖、水泥）→工程建筑，这是一条副产品和废弃物资源化利用产业链，将生产柠檬酸产生的硫酸钙废渣、生产硫酸产生的铁矿渣、生产聚氯乙烯产生的电石渣、电石厂回收下来的粉尘以及自备电厂产生的粉煤灰全部消耗干净。聚氯乙烯生产过程中产生的电石渣用作脱去热电厂锅炉排放尾气中的二氧化硫，经过充分反应废渣转化为石膏，作为水泥添加剂，这是一条以废治废产业链，实现了以废治废的资源化综合利用，又实现了循环经济产业链的进一步延伸[1][2][3][4]。

在新疆天业循环经济产业链中，企业间的链接主要有两种情况：一种是以废弃物和副产品为纽带，实现有形链接，实现企业之间的资源共享和物质交换，通过清洁生产技术，在物质交换的过程中，使得上、下游企业间物质的交互流动持续不断在不同的生产环节得到价值增加；另一种是以信息流为纽带，实现无形链接，形成了多维的关系结构，促进产业链内企业之间的不断沟通。因此，在新疆天业氯碱化工循环经济产业链形成和发展的过程中，企业之间不断进行着价值、能量、物质和信息的交互流动，在时间和空间上形成了价值流、能量流、物质流和信息流[5][6]（如图4-1所示）。

---

[1] 恺峰，李朝阳.氯碱企业节水技术开发与示范[J].聚氯乙烯，2011，39（6）：41-44.

[2] 王志祥.电石渣浆的综合利用[J].聚氯乙烯，2014（11）：44-46.

[3] 陈阳.循环经济：实现可持续发展的有效途径——以新疆石河子市循环经济发展为例[J].新疆农垦经济，2008（9）.

[4] 恺峰，冯俊.新疆天业循环经济产业链之废渣综合利用项目[J].再生资源与循环经济，2010（10）：38-41.

[5] 俞苙军，刘利德，孙海东等.中国西部氯碱工业循环经济网络的构建和需要改进的方面[J].中国氯碱，2013（8）.

[6] 孔鹏志.我国经济系统的物质流核算与循环结构研究[D].上海：上海交通大学，2011.

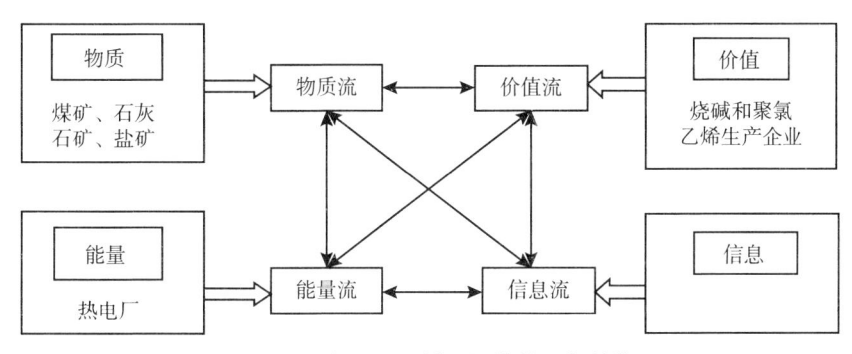

```
┌─────────┐                              ┌─────────┐
│  物质   │      ┌──────┐  ┌──────┐     │  价值   │
│ 煤矿、石灰│ ────▶│物质流│◀─│价值流│◀────│烧碱和聚氯│
│ 石矿、盐矿│      └──────┘  └──────┘     │乙烯生产企业│
└─────────┘          ▲  ╲  ╱  ▲          └─────────┘
                     │   ╲╱   │
                     │   ╱╲   │
                     ▼  ╱  ╲  ▼
┌─────────┐      ┌──────┐  ┌──────┐     ┌─────────┐
│  能量   │ ────▶│能量流│◀─│信息流│◀────│  信息   │
│  热电厂 │      └──────┘  └──────┘     │         │
└─────────┘                              └─────────┘
```

图 4-1　新疆天业循环经济的运行结构

企业之间简单的汇集不是产业链，而是以价值流、能量流、物质流和信息流运行为基础的相互交流的共生产业链。产业链内每种"流"的运行轨迹都会影响新疆天业循环经济产业链的运行效率。产业链运行过程是涉及价值流、能量流、信息流和物质流的"四流协同"运行系统。在该运行系统中，物质运动是基础，包括能量流（无形物质）和物质流（有形物质）两种流动形式。物质流是指有形物质的沿着产品生命周期的轨迹运动，包括调入、开采、加工和输送各种资源能源；能量流指无形物质沿着转换、使用、排放的流动路径，包括各种化学能、热能的能量转换、回收和能量循环再利用。通过物质流和能量流流动可以把新疆天业循环经济产业链中企业的在生产环节联系起来，能量和的物质利用效率得到提高，从而减少排放到周围环境中的能量和废弃物，降低资源能源的开采使用量，最终实现良好的环境经济效益[1][2][3]。

---

[1]　赵涛，闫海清，苏青福. 基于 AHP-FCE 的氯碱化工生态工业园综合评价 [J]. 科学技术与工程，2011，11（4）：784-790.
[2]　郝宝青. 工业大项目对新疆区域经济的影响研究——以新疆石河子市天业氯碱化工项目为例 [D]. 石河子：石河子大学，2010.
[3]　胡俊梅. 循环经济理论与新疆循环经济实证分析 [D]. 乌鲁木齐：新疆大学，2006.

然而，运行新疆天业循环经济产业链不仅要按照生态保护的要求，最大限度实现环境效益；还必须要遵循市场经济规律，最大化地实现企业的经济效益。否则企业就会失去发展循环经济动力，导致循环经济产业链最终无法持续运行。因此，循环经济产业链实际上是以循环物质流为表象的价值和利益循环，价值流动是循环经济发展的核心，循环经济产业链运行过程中的能量流、价值流和物质流是同时进行的，伴随着物质流和能量流的流动，得以运行价值流并形成闭合的价值链，包含价值投入、价值产出、价值物化、价值增值和价值实现等5个发展阶段[1][2]。

以上5个阶段可简化为4个过程：一是价值投入过程，对应的是物质流中资源和能源从开采到生产投入的全过程；二是产出过程和价值物化，在产品生产的过程中，企业运用一定的技术手段和人力资源作用于资源和能源形成产品和副产品，产品进入市场进行消费，物化了资源和能源的价值，经由加工处理过的副产品重新进入产业链进行物质循环，最终资源价值得以增值；三是价值实现和增值过程，随着社会的消费，资源价值才得以实现，而回收后的废弃物经处理后重新进入物质循环流动过程，资源的价值再次实现增值，这其中包括生态价值和经济价值。四是在循环经济产业链中，无论是物质流、能量流还是价值流，我们从运行过程来分析，企业的决策活动都是在获得信息流的条件下作出的，信息流保障了循环经济产业链的稳定运行，包括信息收集、信息分类和信息加工，因此在新疆天业产业链内部，要充分公开有关信息，如制度指令、副产品交易、管理规制、工艺设计和生产技术等，实现能量流、物质

---

[1] 李广明，黄有光. 区域生态产业网络的经济分析：一个简单的成本效益模型[J]. 中国工业经济，2010（2）：5-14.

[2] 张文龙，余锦龙. 基于产业共生网络的区域产业生态化路径选择[J]. 社会科学家，2008，140（12）：47-50.

流与价值流之间在信息流驱动下的协同配合，使得在某一特定时间、空间、功能和目标下实现循环经济产业链的有序运行，最终实现企业间的协同进化[1][2][3]。

2. 新疆天业循环经济产业链构成分析

（1）煤炭→发电厂→氯碱化工产业→聚氯乙烯→生产农业节水器材→节水灌溉农业→食品加工→商贸流通（如图4-2所示）。

新疆天业依托当地丰富的石灰石、原盐和煤炭资源生产烧碱和聚氯乙烯，然后使用聚氯乙烯生产农用节水滴灌器材，农业节水器材用于灌溉农田，农产品收获后经下游的食品企业加工，最后进入流通和消费市场。农业节水器材是农业节水滴灌的基础，农业节水滴灌技术推动了农业生产向低耗、优质、高产、高效方向发展，发展农业为新疆天业食品加工产业的发展提供了优质、高产的原料（番茄、小麦与玉米），经过食品产业的加工，产品（番茄酱和柠檬酸）进入国内外市场[4]。

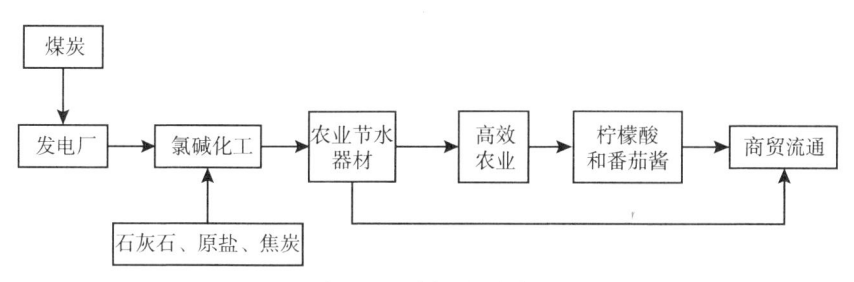

图4-2 新疆天业循环经济产业链（1）

---

[1] 齐宇. 循环经济产业共生网络研究[M]. 天津：南开大学出版社，2012.
[2] 陈群胜. 循环经济与工业发展模式转型研究[D]. 上海：上海大学，2010.
[3] 赵涛，阎海清，苏青福. 中国电石法PVC工业共生网络模型案例分析与比较[J]. 价值工程，2010（23）：10-12.
[4] 李艳. 2010. 基于产业集群的氯碱生态工业园模式与评价研究[D]. 上海：东华大学.

（2）煤炭→发电→氯碱化工→聚氯乙烯→建筑材料→建筑和房地产开发（如图4-3所示）。

以煤炭、原盐和石灰石资源生产聚氯乙烯，除用于生产农业节水器材以外，还可以用于加工生产门窗、管道等建材，用于公共基础设施建设。

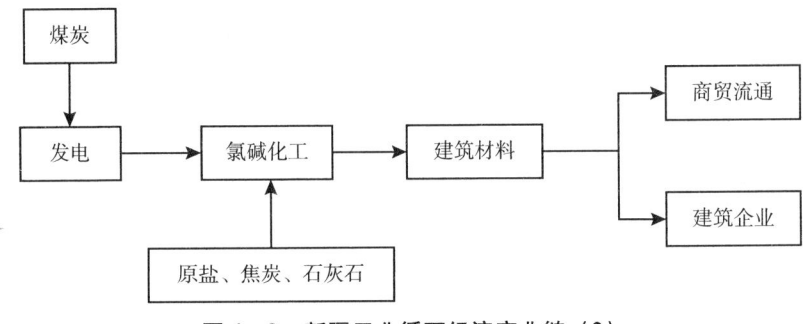

图4-3 新疆天业循环经济产业链（2）

（3）煤炭→电厂发电→电解原盐→烧碱、氯化氢→商品物流（如图4-4所示）。

化工厂通过电解原盐得到氢气、氯气和烧碱，电解得到的烧碱通过干燥装置制成片碱或固碱供应市场。氯气和氢气可以用来生产氯化氢，进而生产氯乙烯单体。

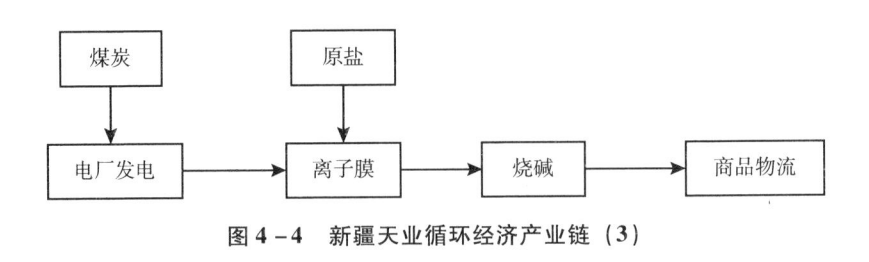

图4-4 新疆天业循环经济产业链（3）

（4）煤炭→电厂发电→电解原盐→烧碱和氯化氢→食品级烧碱→

商品物流（如图4-5所示）。

化工厂通过电解原盐得到的烧碱，经过干燥、分离和提纯得到食品级烧碱，主要用于调味品生产、浸泡干货和海产品、清洗酒瓶的盛装容器和粮油等，属于食品添加剂。

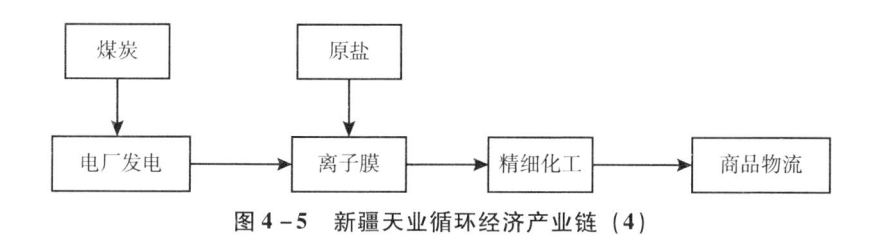

图4-5　新疆天业循环经济产业链（4）

（5）煤炭→发电→原盐→盐酸→商品物流（如图4-6所示）。

化工厂通过电解原盐产生氢气和氯气，为避免氯气过多造成的安全隐患，利用天然气制氢工艺平衡氯气产能，将二者用于生产氯化氢。

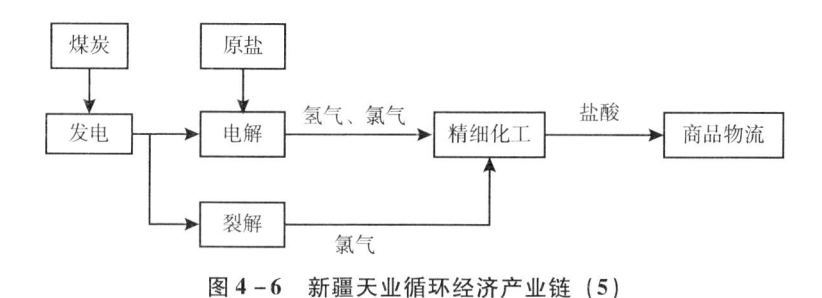

图4-6　新疆天业循环经济产业链（5）

（6）食品加工→废弃物→动物饲料→牲畜养殖→商品物流（如图4-7所示）。

食品加工产业废弃物（番茄皮与玉米渣）全部由于生产动物饲料，饲料为发展牲畜养殖业的提供了条件，发展牲畜养殖业又为消费市场提供了奶、蛋、肉等畜产品。食品加工厂→牲畜养殖场，食品加工厂产生番茄皮与玉米渣作为饲料降低了饲养成本，关键是解决了废弃物排放问题。

```
食品加工 --番茄皮玉米渣--> 饲料加工 --饲料--> 畜牧养殖 --畜产品--> 商品物流
```

图 4-7　新疆天业循环经济产业链（6）

（7）聚氯乙烯→节水器材→高效农业→废旧节水器材回收（如图4-8所示）。

农业节水器材主要是以聚氯乙烯和聚乙烯为原料生产输水管道和滴灌带，应用到农田进行节水灌溉，最后回收农业节水器材，经过破碎、清洗、干燥、造粒，添加到聚乙烯新料中，重新又用于生产农业节水器材。

化工厂→节水器材厂，化工厂生产的聚氯乙烯作为新疆天业节水公司的生产原料，相对于外部购入原料降低了节水器材的生产成本。

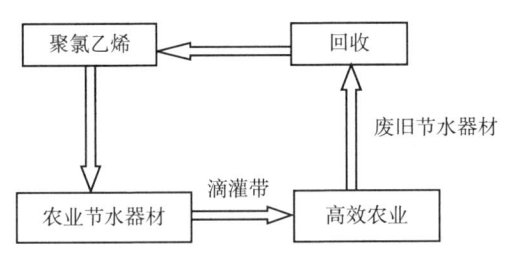

```
聚氯乙烯 <-- 回收
   |         ↑
   ↓       废旧节水器材
农业节水器材 --滴灌带--> 高效农业
```

图 4-8　新疆天业循环经济产业链（7）

（8）煤炭→电厂发电→石灰石→电石→电石渣→水泥→房屋建筑（如图4-9所示）。

煅烧石灰石生产生石灰,在电炉内生石灰和焦炭反应生产电石,水和电石反应产生乙炔气,然后氯化氢和乙炔气反应用于氯乙烯单体的合成,其中生产柠檬酸产生的硫酸钙废渣,电厂产生的粉煤灰、炉渣和产生的电石渣全部用来生产水泥。新疆天业本着两次使用水泥,钙资源和电石的原则,在化工厂生产聚氯乙烯中,钙资源是载体,但在生产水泥中,钙资源是水泥生产的主要原材料。

电石→水泥,水泥厂利用了氯碱化工厂产生的电石渣作为生产原料,解决了氯碱化工厂废弃物排放的问题,并且生产成本得以降低。电石厂将回收的石灰粉提供给水泥厂作为生产原料,既降低了水泥厂成本,又避免了物料浪费。

电石→粉煤灰砖,砖厂利用氯碱化工厂产生的电石渣作为生产原料,生产成本得以降低,同时解决了氯碱化工厂废弃物排放的问题。电石厂将回收的石灰石粉末供应给粉煤灰砖厂作为生产原材料,既降低了粉煤灰砖厂的生产成本,又避免了物料浪费。

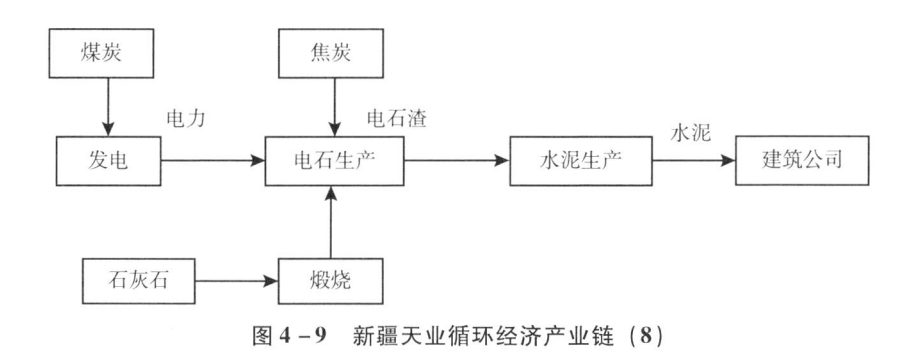

图 4-9 新疆天业循环经济产业链(8)

(9)煤炭→发电→粉煤灰→水泥、灰砖→建筑公司(如图 4-10 所示)。

新疆天业自备电厂使用煤炭发电产生大量的粉煤灰一部分用于生产蒸压粉煤灰砖,另一部分作为生产水泥的原料。

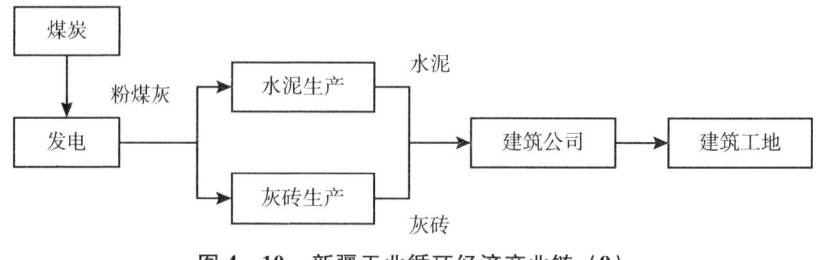

图 4-10　新疆天业循环经济产业链（9）

（10）食品加工、柠檬酸渣→水泥→房地产建设（如图 4-11 所示）。

生产柠檬酸产生的柠檬酸渣产量巨大，柠檬酸渣的主要成分是硫酸钙，柠檬酸渣可以作为水泥缓凝剂代替石膏，可将其全部用于水泥生产。

节水滴灌农田→食品加工厂，节水滴灌农田生产的小麦、番茄和玉米可作为食品加工厂的生产原料。

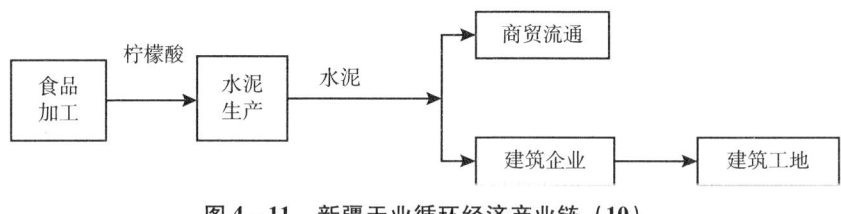

图 4-11　新疆天业循环经济产业链（10）

4.3.2　新疆天业循环经济产业链共生网络分析

将新疆天业的 10 条产业链整合简化成 4 条产业链，分别是：食品加工产业链，水泥、电石产业链，热电产业链，聚氯乙烯和烧碱化工产业链。食品加工产业链的成员包括：节水灌溉农业、食品加工厂、畜牧养殖场；水泥、电石产业链中的成员包括：水泥厂、粉煤灰砖厂、电石厂；热电产业链的成员仅为热电厂；聚氯乙烯和烧碱化工产业链的成员包括：化工厂、农用节水器材厂、塑料制品厂[①]。新疆天业循环经济的产业链共生网络关系如表4-1所示。

表4-1　　　　新疆天业循环经济的产业链共生网络分析

编号	产业链间	产业链间关系描述
1	热电联产→氯碱化工厂	新疆天业热电厂向氯碱化工厂供应电能和热能，极大降低了生产成本和从外部购买电力相比
2	氯碱化工厂→热电联产	新疆天业氯碱化工厂向热电厂供应电石渣用于排放尾气脱二氧化硫，既降低了热电厂尾气的脱二氧化硫的成本，同时也解决了氯碱化工厂一部分电石渣排放问题
3	热电联产→电石水泥厂	天业热电厂向电石厂和水泥厂供应热能和电能，相比较从外部购买电力极大地降低了生产成本
4	电石水泥厂→热电联产	新疆天业电石厂将回收的焦炭粉末提供给热电厂作为燃料，既为热电厂极大地降低了生产成本，同时也避免了资源浪费
5	水泥厂、电石→热电联产	新疆天业电石厂向热电厂提供电石炉尾气作为燃料，既为热电厂降低了成本，节省了煤，同时也减少了电石厂尾气排放
6	热电联产→电石、水泥厂	新疆天业热电厂向粉煤灰砖厂和水泥厂供应粉煤灰作为生产原料，既为水泥厂和粉煤灰砖厂提供了原料，极大地降低了生产成本，也解决了热电厂粉污染物排放问题
7	热电联产→电石、水泥厂	新疆天业热电厂将用电石渣进行尾气脱硫后产生的废渣供应给水泥厂和粉煤灰砖厂作为生产原材料，既为粉煤灰砖厂和水泥厂供应了生产原材料，极大地降低了生产成本，也解决了热电厂固体废弃物排放问题
8	热电联产→食品加工厂	新疆天业热电厂向食品加工厂供应热能和电能，相比较于从外部购买电力极大地降低了生产成本
9	水泥厂、电石→氯碱化工厂	新疆天业电石厂向化工厂供应电石作为生产乙炔的原材料，相比从外部购入电石极大地降低了生产成本

---

① 葛文. 氯碱化工行业产业生态化模式研究——以新疆天业生态工业系统为例[D]. 上海：东华大学，2010.

续表

编号	产业链间	产业链间关系描述
10	水泥厂、电石→氯碱化工厂	新疆天业电石厂向化工厂粒碱车间供应电石炉废气作为燃料，极大地降低了生产成本，既为化工厂节省了燃料，同时也减少了电石厂废气的排放
11	氯碱化工厂→水泥厂、电石	新疆天业化工厂向水泥厂和粉煤灰砖厂供应电石渣作为生产原材料，极大地降低了生产成本，既为水泥厂和粉煤灰砖厂提供了原材料，也解决了化工厂固体废弃物排放问题
12	氯碱化工厂→水泥厂、电石	新疆天业硫酸厂向粉煤灰砖厂和水泥厂供应柠檬酸渣作为生产原材料，极大地降低了生产成本。既为粉煤灰砖厂和水泥厂供应了生产原材料，也解决了硫酸厂固体废弃物排放问题
13	食品加工厂→水泥厂、电石	新疆天业食品加工厂向水泥厂和粉煤灰砖厂供应柠檬酸渣作为生产原材料，极大地降低了生产成本，既为水泥厂和粉煤灰砖厂供应了生产原材料，也解决了食品加工厂固体废弃物排放问题
14	水泥厂、电石→食品加工厂	新疆天业电石厂将回收的石灰粉供应给食品加工厂用于生产柠檬酸，极大地降低了食品生产成本，同时使电石厂避免了原材料的浪费
15	食品加工厂→氯碱化工厂	新疆天业农用节水器材厂向农田供应节水器材，降低了种植的运行成本，同时使农业生产节约了大量水资源
16	氯碱化工厂→食品加工厂	新疆天业将农田回收的废旧农业节水灌溉器材供应给节水器材厂用于生产新的农业节水器材，极大地降低了生产成本，既为农业节水器材厂供应了原料，也解决了农业灌溉后产生的污染问题

4.3.3 新疆天业循环经济产业链物质流分析

新疆天业通过循环经济的发展，坚持大循环和小循环的有机结合，实现了污染物排放的最小化、废弃物处理的无害化、资源利用的充分化，极大地促进了新疆天业的节能减排和环境保护，从根本上改变了传统电石法生产聚氯乙烯工艺的装备落后、高污染和高消耗的局面，建立了聚氯乙烯电石法生产的全新模式，为新疆氯碱化工产业的健康发展起到了引领示范作用。

1. 新疆天业循环经济产业链废弃物减量化和资源化分析

物质流是新疆天业循环经济产业链的核心部分，通过规划产品体系以及数学方法建立原料、副产品、产品及废弃物的循环经济产业链，实现副产品和废弃物的循环再利用。在循环经济带动下，企业内部以交互的方式进行物质交换，企业内部工序间、企业与企业之间的链接由简单到复杂，循环经济产业链的稳定性得到增强。产业链内不同企业之间的物质流远远大于出入产业链的物质流，可以最大限度利用进入产业链的能量和物质，从而能够形成"低开采、低排放、高利用"的循环经济运行模式。

在新疆天业循环经济产业链内的企业，物质流集成主要通过实施清洁生产和工艺优化，尽可能地减少废弃物对外排放，达到物质的循环利用。但是，物质循环在循环经济运行中不是完全的封闭循环，更不是物质重新回到起点的封闭循环流，物质的"功效流"是产业链循环的核心，但不仅仅限于物质本身的循环，循环经济是物质转化成不同状态后对在该状态下的物质功效价值的持续使用。从理论上讲，这种使用和转化可以不断地循环反复、持续进行。在任何情况下，企业产生的物质流动都没有减少，只是反复利用和再循环；而能量的流动是一种单向流动，不能循环利用，只有不断地提供能量才能维持循环经济产业链的持续运行。在发展循环经济中，通过不断改进落后的生产工艺、提高循环经济单元的能源利用效率、重视余热循环利用与回收、优化过程能量系统等，使能源循环链不断延伸。

新疆天业循环经济产业链内各个企业物质流集成主要集中表现

在核心企业上，这些企业分别为：电石厂，氯碱化工厂，水泥厂，热电厂。

（1）产业链中物质流的形成。

新疆天业循环经济产业链内企业之间的物质流形成主要依靠企业之间的物质交换，共生企业之间生产工艺的相互配合和共同优化来实现的。物质交换的形式可以是企业之间剩余物质的相互利用，也可以上游企业产品作为下游企业的生产原料，其中后者是这一层次集成物质流的关键，通过这个过程可以增加物质的利用效率，减少企业在单独生产情况下对外的污染物排放。

以上游企业产生的废弃物、副产品或产品作为下游生产原材料出现的集成物质流有：新疆天业化工厂生产的聚氯乙烯作为塑料制品厂和农用节水器材厂的生产原料；农用节水器材厂生产的节水灌溉器材用于农田滴灌；滴灌农田生产的农产品作为食品加工厂的原材料；电石厂生产的电石作为氯碱化工厂生产聚氯乙烯的原材料。

剩余物质在循环经济产业链内企业之间的交互利用体现在以下几个方面。

①电石厂与热电厂之间。生产过程中天业电石厂产生尾气的主要成分有：一氧化碳、二氧化碳、氢气、氧气、一些粉尘和甲烷等，其中一氧化碳在尾气中含量高达67%以上，通过集聚收集到储气罐中，经过压缩机增压后，由管道输送到发电厂。[①]

新疆天业的电石炉尾气回收再利用系统总投资12 500多万元，每小时可输送5万立方米，电石厂排放的废气利用充分后，按每年利用10 000小时计算，每1 000立方米尾气可替代0.45吨标准煤，每年可节约12万吨标准煤，按每吨385元煤炭市价计算，相当于为新疆天业每年节约4 620万元的资金；同时，每年减少废气排放

---

① 梁诚. 国内氯碱行业实施循环经济的模式 [J]. 氯碱工业，2007（3）：1-6.

3.2亿立方米，对新疆天业周围的环境具有明显改善作用。①

②氯碱化工厂与热电厂之间。在生产乙炔的工序中新疆天业化工厂产生的一部分电石渣提供给热电厂，用电石渣脱去电厂排放尾气中的二氧化硫。比使用石灰石—石膏法脱二氧化硫，脱硫装置的能耗减少能源消耗35%以上，每脱一吨二氧化硫的生产成本，为石灰石—石膏法脱硫的55%，脱二氧化硫效率可以达到97.5%，新疆天业电厂每年可减少二氧化硫排放8万多吨。

③食品加工厂与电石厂之间。新疆天业电石厂将回收的石灰石粉提供给食品厂用于生产柠檬酸，充分利用了剩余物料，减少了浪费，每年可为食品厂减少原材料采购成本350万元以上。②

④农用节水器材厂与高效灌溉农田之间。农用节水滴灌器材用于农田灌溉后，这些灌溉器材在使用完毕后将被回收提供给农用节水器材厂，经过分选、破碎和清洗后，重新作为原材料生产节水器材，回收利用率可达到95%。③为实现废旧节水器材的回收再利用，新疆天业对废旧塑料破碎、清洗和分选技术进行了技术研发，对生产设备进行了技术创新，开发出新的生产设备，对工艺配方进行了改进，重新设计了模具，针对不同用户和作物的要求，设计了不同滴孔间距的农用节水器材，这一系列技术创新形成了闭合的循环经济产业链，实现了废旧塑料回收，循环再利用④。

⑤食品加工厂→畜牧养殖场。新疆天业柠檬酸厂产生的玉米渣、番茄皮全部作为生产动物饲料的原材料，提供给畜牧养殖场。

---

① 安志明，张立，周军，余显军，宋斌. 电石炉气回收经济性分析 [J]. 聚氯乙烯，2013，41（6）：42-44.

② 周军，张新力，安志明. 煤电盐化一体化：氯碱工业发展的新亮点——以新疆天业创新推动氯碱工业发展模式为例 [J]. 新疆农垦经济，2005（7）：19-22.

③ 梁诚. 国内氯碱行业实施循环经济的模式 [J]. 氯碱工业，2007（3）：1-6.

④ 冯琳，孙宝生. 干旱区工业共生网络优化研究——以新疆石河子市为例 [J]. 干旱区地理，2011（3）：971-977.

(2) 工业固体废弃物的利用。

产业链层次的物质流形成主要是通过不同产业链间剩余物质的交互流动使用来实现的。这一过程的形式和规模通常都高于普通企业之间物质流的形成，而且通常需要建立新的生产工艺在产业链中才能实现。产业层次的物质流流动能够促进循环经济产业链向工业共生网络进化，可以在不同的产业链之间建立链接[①]。

新疆天业循环经济物质流集中体现在使用工业废渣生产灰砖和水泥的过程上。这一过程利用产业链产生的脱硫废渣、柠檬酸渣、粉煤灰和电石渣等废渣作原料，生产水泥和灰砖。其中脱硫废渣来自电厂的尾气脱二氧化硫，柠檬酸渣来自食品厂，粉煤灰来自电厂发电过程中燃烧的煤，电石渣来源于乙炔的制备。这一生产过程解决了循环经济系统内大量工业废渣的产生问题，将循环经济系统内的所有的生态产业链进行了交互链接，物质的循环利用得以实现。这一物质流形成过程如图4-12所示。

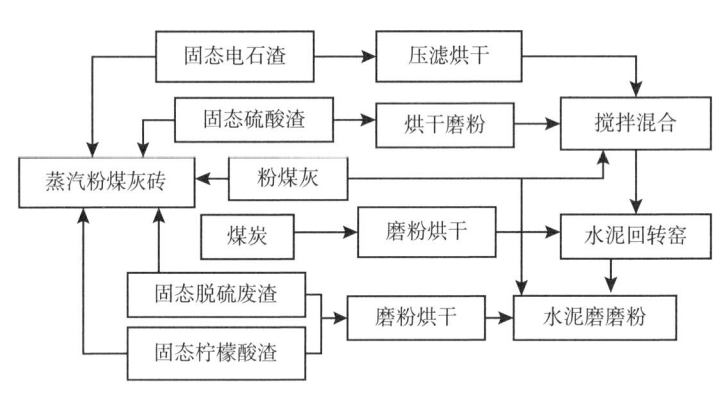

图4-12 新疆天业物质流形成图

---

① 吴玉初，刘大军，王宏义. 内蒙古海吉氯碱化工股份有限公司"三废"治理情况简介 [J]. 聚氯乙烯，2008，36（3）：54-59.

(3) 水的循环利用。

循环经济产业链内部水系统利用率的高低,特别是新疆天业氯碱化工厂排放的废水,容易造成严重的环境污染,其最终结果表现为对外界环境影响的程度,因此水的重复循环利用对新疆天业具有重大意义。

新疆天业采用回用和废水治理技术。在循环经济产业链中按企业实际的用水情况,在水资源交互利用、清洁生产和中水回收等三个层面开展废水循环再利用工作,构建了梯级利用和水资源循环系统,如图4-13所示。

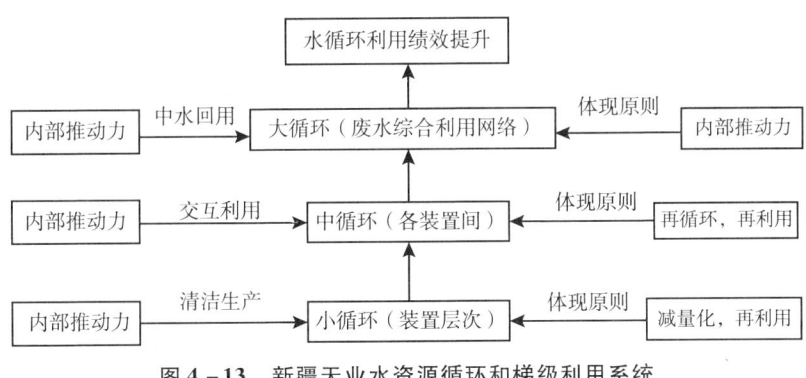

图4-13 新疆天业水资源循环和梯级利用系统

循环经济系统对氯碱化工厂的废水进行净化处理,使之达到循环利用水标准。在氯碱化工厂、热电厂和电石厂等企业间建立统一的废水处理及循环再利用网络链,使氯碱化工厂化工产生的废水回用于热电厂作为冷却水[1][2](如表4-2所示)。

---

[1] 黄雅婧. 氯碱化工综合废水处理及回用的研究 [D]. 南昌:南昌大学,2012.
[2] 李英. 氯碱化工企业环境风险控制研究 [D]. 天津:天津大学,2011.

表 4-2　　　　　　　　废水类型和回用用途

序号	名称	用途
1	氯碱化工厂废水	回用于化工厂冷却水系统
2	氢处理系统洗涤水	回用于电厂冷却水系统
3	公用工程浓水	回用于电厂冷却水系统
4	制氢锅炉罐溢流水	回用于电厂冷却水系统
5	盐酸生产排水	回用于电厂冷却水系统
6	涂壁排水（洗釜）	回用于电厂冷却水系统
7	电石厂生活污水	回用于电厂冷却水系统
8	乙炔中和塔排碱废液	回用于电厂冷却水系统
9	次钠废水	回用于电厂冷却水系统
10	氯乙烯气柜排水	回用于电厂冷却水系统
11	水泥厂化验室冲洗水	回用于电厂冷却水系统
12	化工城生活污水	回用于电厂冷却水系统
13	乙炔气柜排水	回用于电厂冷却水系统
14	水泥厂生活污水	回用于电厂冷却水系统

2. 新疆天业循环经济产业链废弃物再利用分析

新疆天业内企业与企业之间、产业链与产业链之间通过产生的副产品或废弃物连接在一起，上游系统排放和产生的副产品或废弃物被下游系统完全利用，同时在循环经济系统内部还存在副产品或废弃物的自循环[1][2]。

在水资源综合利用方面，新疆天业在充分提高循环经济系统水的重复利用率的同时，注重水资源利用梯级网络的建设，通过实施水循环利用网络，综合处理多余的废水，大量减少一次水用量，实

---

[1] 朱敏. 基于经济增加值的新疆天业业绩评价研究 [D]. 石河子：石河子大学，2014.

[2] 高昂. 循环经济物质流特征与流动规律研究 [D]. 西安：西北大学，2010.

现了氯碱化工废水的零排放。在废气综合循环再利用方面，通过天然气制氢技术以及氯化氢吸收—深度解析技术建立了废气综合利用网络，新疆天业采用变压吸附技术，废气排放量下降了33%以上，使氯资源利用效率提高了25%。废渣综合利用技术方面，将氯碱化工厂产生的电石渣输送到水泥生产装置上。生产水泥除利用柠檬酸渣外，还消耗电石渣、硫酸渣、脱硫废渣、粉煤灰以及全厂除尘系统收集的废灰和电石灰等。电石渣脱硫工艺，减少了二氧化硫的排放，不但利用了废渣，而且脱硫废渣是生产水泥和制砖的原材料，目前新疆天业固体废渣利用率达到100%[1][2]。

氯碱生产不可避免地在生产过程中产生"三废"。"三废"的产生、治理与排放构成了污染物和废弃物物质流。新疆天业废弃物产生情况如表4-3所示。

表4-3　　　　　　　　新疆天业废弃物产生情况

年份	二氧化硫（万吨）	COD（万吨）	工业固体废弃物（万吨）	废水（万立方米）
2007	0.8812	0.169	1.74	560
2008	0.7643	0.140	1.62	458
2009	1.235	0.143	1.92	654
2010	0.9126	0.139	1.42	870
2011	0.8875	0.123	1.78	900
2012	0.7651	0.118	1.96	1 230
2013	0.7432	0.110	2.41	1 400
2014	0.6576	0.100	1.98	1 650

资料来源：企业实地调研。

---

[1] 柏义生，李如忠，崔康平等．某氯碱化工集团PVC糊树脂厂水网络优化［J］．合肥工业大学学报（自然科学版），2011，34（9）：36-42.

[2] 冯琳．中国西部干旱区工业循环经济建设研究——以天山北坡经济带石河子为例［D］．乌鲁木齐：新疆大学，2010.

如表4-4、表4-5所示，近年来，新疆天业的废物产生量整体上呈现出下降趋势，但是各指标产生量的控制工作还有待完善，并时常出现波动，这表明新疆天业建设循环经济还处于发展阶段，有待使用科学的方法去评价和做好的规划工作。

表4-4　　　　新疆天业2007~2014年工业废弃物产生量明细表

指标	2007年	2008年	2009年	2010年	2011年	2012年	2013年	2014年
万元生产总值废水排放量（立方米）	4.64	3.87	3.21	2.87	3.01	2.99	1.96	0.87
万元生产总值工业COD排放量（公斤）	0.38	0.31	0.28	0.29	0.22	0.19	0.11	0.09
万元生产总值固体废弃物排放量（公斤）	45	32	30	25	21	16	6	4
万元生产总值工业SO_2排放量（公斤）	0.28	0.21	0.19	0.18	0.16	0.09	0.06	0.04
万元生产总产值能耗（公斤标准煤）	99.87	97.66	91.66	87.43	66.63	63.42	57.65	5.31
万元生产总产值新水消耗（立方米）	2.12	2.01	1.93	1.87	1.76	1.45	1.21	0.98

资料来源：企业实地调研。

表4-5　　　　新疆天业万元生产总产值新水消耗
及万元生产总产值能耗下降率

指标	2007年	2008年	2009年	2010年	2011年	2012年	2013年	2014年
万元生产总产值新水消耗下降率	13.90%	9.87%	8.54%	8.54%	7.43%	9.51%	7.86%	9.94%
万元生产总产值能耗下降率	12.60%	4.87%	5.65%	3.21%	4.31%	6.71%	3.28%	7.23%

资料来源：企业实地调研。

如表4-6所示，对于新疆天业而言，来自系统外部的原材料的投入是确保产业运行的关键；新疆天业循环经济的核心是系统内部由不同企业组成的产业链，各企业通过消耗各种资源生产出社会所需要的各种产品和向社会提供各种服务。在此过程中，各企业又产生品种和数量不同的废弃物，这些废弃物在产业内部进行再循环或再使用。

表4-6　　　　　　　　新疆天业循环经济下废水排放量

指标	2007年	2008年	2009年	2010年	2011年	2012年	2013年	2014年
减量后的废水排放总量（万立方米）	560	620	830	450	220	0	0	0
减量后的化学需氧量（COD）排放总量（万吨）	1.28	1.89	2.01	1.12	1.24	0.87	0.32	0.22
减量后的二氧化硫排放总量（万吨）	0.28	0.37	0.23	0.43	0.32	0.21	0.16	0.19
减量后的固体废弃物排放总量（万吨）	140	220	320	210	58	0	0	0

资料来源：企业实地调研。

4.4　新疆天业发展循环经济成效分析

4.4.1　构建了完整的循环经济产业链

按照"循环化、可持续、规模化"的发展理念，进一步将产品和产业向上、下游延伸，形成了以高效利用资源为核心的废弃物资源化利用产业链和主导产品产业链，即资源化利用废弃物产业链，即工业废废弃物——废旧滴灌带和水泥建材的回收与再利用,这个产业链使上游产业废物处理的过程转变为下游产业原料收集的过程,将上游产业的废弃物变为下游产业的资源,进一步增强了主导产品产业链的市场竞争力。另一个是资源(石灰石、盐、煤)—电厂发电—电石生产—聚氯乙烯—农业节水器材—节水农业—加工食品—高效农业。此产业链以新疆丰富的石灰石、原盐和煤炭资源为起点,以电力为载体,以下游产业及聚氯乙烯树脂为终点,大幅度提高了各类资源的转换效率[①]。

新疆天业是我国氯碱化工一体化循环经济发展模式的示范企业,为了提高了资源和能源的利用效率,构建了从资源开发到生产初级化工产品,再延伸到节水滴灌、高效农业的完整循环经济产业链,并不断以技术创新提高产业链中各个环节的资源能源利用效率,进一步降低了整个产业链的资源能源消耗。

4.4.2 突破了清洁生产的技术"瓶颈"

1. 生产节能方面

2007年,新疆天业开发并建成干法乙炔配套电石渣新型干法水泥装置,该技术将电石渣水泥的能耗降低了30%,使新疆天业成为国内第一家成功运行干法乙炔配套电石渣水泥生产技术的企业,生产每吨聚氯乙烯可节约17千克标准煤,每年可节约标准煤13.5万吨。[②]

新疆天业2007年与国内有关科研院所合作,成功开发4万千

---

① 宗建华. 聚氯乙烯:遏止电石法生产势在必行 [J]. 中国石化, 2006 (8): 10 - 11.
② 周军, 张磊. 氯碱工业发展循环经济的理论与实践 [J]. 氯碱工业, 2010 (11): 1 - 4.

伏安国内功率最大的密闭电石炉及配套的清洁生产技术，与国内已有技术相比，电石综合能耗处于国内领先水平，每吨电石电炉电耗降低到 3 200 千瓦时以内。新疆天业在国内同行业中率先引进和使用了国内领先水平的自然循环离子膜高电流密度膜极距电解槽，大幅度降低了烧碱的能耗，烧碱综合能耗达到同行业领先水平，并开发出与之配套的零压力离子膜电解槽控制技术。

新疆天业采用北京化工大学开发的导向筛板氯乙烯精馏技术，使氯乙烯单体的纯度达到95%以上。[①] 新疆天业与四川开元合作开发的氯乙烯深度脱水技术，达到了石油乙烯法单体的质量标准，把氯乙烯单体的含水量降低到 30×10^{-6} 以下。在我国悬浮法生产聚氯乙烯名牌产品中，新疆天业榜上有名[②③]。

2. 废弃物综合利用方面

新疆天业注重废弃物的综合利用，其建成的年产5万吨电石炉气制乙二醇是国内首套工业化示范装置，电石炉气深度净化及变换，能综合利用100%的电石炉气，其关键技术对行业具有重要的示范和引领作用。

新疆天业采用粉煤灰、电石渣、硫酸渣和脱硫石膏等生产水泥，工业废渣利用率达到100%；年减少减排二氧化碳272万吨，年节约标煤15万吨，石灰石消耗545万吨；通过建立水资源梯级利用网络和源头减排，年节用水950万立方米。[④⑤⑥]

---

① 张新力. 中国电石法聚氯乙烯的发展与挑战 [J]. 中国氯碱, 2010 (2)：1-3.
② 何冠平. 山东铝业公司氯碱化工循环经济探讨 [J]. 氯碱工业, 2008, 44 (4).
③ 王晓军. 浅谈天业循环经济发展 [J]. 石河子科技, 2013 (11).
④ 安志明, 唐红建. 发挥资源优势坚持循环经济以高新技术打造西部大型氯碱基地 [J]. 氯碱工业, 2008, 44 (11)：1-5.
⑤ 周军. 新疆天业发展循环经济模式的探讨 [J]. 氯碱工业, 2007 (2)：3-5.
⑥ 安志明, 张立, 周军, 余显军, 宋斌. 电石炉气回收经济性分析 [J]. 聚氯乙烯, 2013, 41 (6)：42-44.

在废水处理方面，2006年新疆天业承担了对高耗水行业的国家科技支撑课题，开发了乙炔上清液闭式循环、聚合母液水生化处理、干法乙炔和含汞废酸深度解析等节水技术，并在全国氯碱化工行业内得到了推广应用。

在废气治理方面，应用变压吸附技术实现了氯乙烯尾气中的乙炔和氯乙烯回收利用，创造了可观的经济效益。与四川开元化工集团合作，将氯乙烯尾气中的氢气回收，结合天然气制氢技术的应用，杜绝了副产液氯的生产，将氢气用于优化传统的氯碱平衡。

净化后的电石炉气除一部分送到电厂用作发电的燃料，其余用作气烧石灰窑和炭材干燥。化工厂产生的废水经净化处理后输送至电厂用于补充循环水，电石余热锅炉产生的蒸汽直接并入产业内部蒸汽网，电石装置回收的焦粉送至电厂、水泥厂替代燃煤使用。新疆天业通过循环经济产业链，能量和物流更加趋于合理，能源呈现出梯级利用的特点，依托日益完善的循环经济产业链，新疆天业每年可节约30万吨以上的标准煤。

3. 循环经济系统节能方面

以循环经济产业链和大型节能技术和装备为基础，新疆天业建设了企业能源管理中心，通过集中管理模式和信息化、自动化技术，实现系统性管控和节能降耗一体化，企业能源管理中心优化和改进了能源平衡。对于像新疆天业这样大型的煤电盐化一体化企业能源管理中心具有非常重要的节能作用。氯碱化工厂、水泥厂和自备热电厂等企业能源消耗相对独立，本身规模大、依靠企业能源管理中心可以实现系统节能，改进和优化能源平衡，将各个环节的独立运作的企业整合成一个有机的整体进行能源管控，实现循环经济系统性的节能降耗和管控一体化，年节约标煤7万吨以上[①]。

---

① 罗云. 循环经济理念下的氯碱产业链构建[J]. 氯碱工业，2013，49（5）：1-5.

4.4.3　全面提升新疆天业的环保水平

与发达国家相比我国的氯碱化工工业，环境污染严重，资源浪费多、能源消耗高等问题十分突出。氯碱化工产业是一个能源、资源和资金密集型行业，在生产氯碱产品的过程中，消耗能源、资源不仅数量大，而且品种多。根据统计资料，在整个生产系统中共消耗 16 种原材料如表 4-7 所示。就新疆天业而言，最主要的能源和原材料消耗是石灰石、煤和原盐，消耗煤炭的占整个氯碱产品生产过程总能耗的 76%。

表 4-7　　生产 1 吨烧碱和聚氯乙烯的资源和能源消耗

原材料名称	消耗量（吨）	原材料名称	消耗量（吨）	原材料名称	消耗量（吨）
石灰石	0.7	煤炭	7	原盐	1.2
氧	0.1	压缩空气	0.9	水蒸气	0.3
天然气	0.12	水	3.23	氯化氢	0.7
氯乙烯单体	0.65	氮气	0.3	去离子水	2
引发剂	0.005	悬浮剂	0.003	缓冲剂	0.004
消泡剂	0.005				

氯碱化工产业具有高污染、高排放的特点。随着氯碱产品产量的逐年上升，氯碱化工企业已经成为环境污染和资源消耗问题的主要源头之一。

如表 4-8 所示，氯碱化工企业不仅是污染大户，还是能源资源消耗大户，不可避免地在氯碱产品生产过程中产生废气、废渣、废水，若不进行循环利用和综合治理，将对环境造成严重的污染。

表4-8　　　生产1吨烧碱和聚氯乙烯产生的污染物　　单位：千克/吨

氮氧化物	硫氧化物	二氧化碳	一氧化碳	粉尘	废弃物
5.21	8.59	15.41	10.80	215.60	3 053.21

自建设新疆天业氯碱化工产业以来，以世界先进水平为目标，坚持可持续发展的理念，通过采用世界先进的节能、环保设备和生产技术，不断加大对节能、环保环节的科研和技改投入，走出了一条社会效益和经济效益并重、生态保护和生产发展并重的发展道路（如表4-9、表4-10、表4-11所示）。

表4-9　　　　新疆天业2007年与2014年环保指标变化

项目	含尘量	废水外排量	工业水的循环利用率	电石渣利用率	COD利用率	废气利用率
2007年	100~30千克/标准立方米	30%	75%	20%	25%	30%
2014年	9~17千克/标准立方米	90%	100%	100%	92%	85%
变化率	82%	60%	25%	80%	67%	55%

资料来源：企业实地调研。

表4-10　　新疆天业2014年与2007年部分能耗指标值对比一览表

项目	氯碱产量（万吨）	能源消耗量（万吨标煤）	氯碱企业能耗占新疆能耗的比重	吨氯碱综合能耗（吨标煤）
2007年	20	160	5%	2.52
2014年	350	2 800	14%	1.65
变化率	1 650%	33.7%	9%	-36.1%

资料来源：企业实地调研。

表4-11 中国近7年氯碱化工企业固体废弃物排放情况与国际水平比较

项目	国内氯碱化工产业平均（2014年）	新疆天业（行业最好）	国际先进水平
电石渣利用率	88	100	100
固废综合利用率	—	>98.5%	100

资料来源：中国化学工业年鉴。

4.4.4 新疆天业循环经济产业链共生经济效益分析

指与没有形成共生产业链相比循环经济产业链增加的效益，核算共生效益既包括减少资源消耗和排放废弃物等方面的效益，也包括增加的经济效益。根据资料统计，新疆天业循环经济产业链共生系统中，2014年通过循环经济产业链共生关系产生的效益如表4-12所示。

表4-12 2014年新疆天业产业链共生效益汇总表

循环经济产业链效益来源分析	共生效益（万元/年）
新疆天业自备发电厂发电提供给电石厂和化工厂，极大地降低了生产成本，相比较从外部购买电力	702
为了减少处理固废的费用和保护环境，新疆天业热电厂将产生的粉煤灰用于生产水泥和粉煤灰砖	4 315
新疆天业自备电厂使用电石渣脱二氧化硫比传统脱硫工艺，成本极大地下降，减少了环境污染，实现了废弃物再利用	684
新疆天业回收电石厂产生的焦炭粉用于热电厂发电，回收的石灰石粉用于食品厂生产柠檬酸	272
新疆天业极大地降低了聚氯乙烯的生产成本，相比较从外部购入电石	31 672
新疆天业自备电厂将电石炉产生的废气作为燃料，节约了大量资金，每年可节约标准煤12万吨	2 809

续表

循环经济产业链效益来源分析	共生效益（万元/年）
新疆天业使用自产聚氯乙烯生产塑料制品和农用节水器材，相比较从外部购入聚氯乙烯，极大地降低了生产成本	1 121
使用化工厂产生的电石渣用来生产水泥，减少处理和运输费用	3 195
使用新疆天业柠檬酸厂产生的柠檬酸渣来生产水泥，减少了处理固体废弃物的费用，减少了环境污染	309
新疆天业水泥厂使用硫酸厂产生的硫酸渣作为水泥添加剂，减少了固体废弃物处理的费用，减少了环境污染	615
新疆天业回收废旧滴灌器材作为节水器材厂的原料用于生产新的农用节水器材，极大地降低了采购原材料成本	6 509
新疆天业从滴灌农田使用自产农产品，相比较从外部购入，极大地降低了原材料成本	713
新疆天业食品加工厂产生的番茄皮和玉米渣作为饲料用来养殖牲畜，极大地降低了养殖成本	501
新疆天业使用各类工业废渣生产粉煤灰砖和水泥，产生了巨大的经济效益	4 793
合计	58 210

资料来源：企业实地调研。

共生效益的产生来自两个共生产业链单元之间的相互作用与合作，由于共生效益是由产业链间共生关系产生的，而共生产业链内部单元通过物质能量聚集产生的效益则不能成为共生效益，系统的共生效益是系统和共生单元之间这两个层面的效益之和，因此，循环经济系统的总共生效益是共生单元自身效益和共生单元之间的效益之和。

从上述指标可以看出新疆天业循环经济系统功能日益完善，经济效益较好，经济增长较快，整体利用率高，这是从 2007~2014

年随着清洁生产的持续推进和不断完善，新疆天业的可持续发展能力迅速提高，逐步实现了社会经济效益与生态环境效益的协同发展。

4.5 本章小结

新疆天业循环经济产业链内企业间形成了共生关系，一个生产过程的副产品或废弃物成为另一家企业或另一生产过程的原材料，整个产业网络链形成各种物质（煤炭、原盐、石灰石、废弃物、水等）的闭环循环系统，形成资源能源—产品、副产品和废弃物—再生资源的循环经济发展模式，节约了资源，降低了生产成本，保护了生态环境，在提高循环经济系统经济效益的同时，减少了各种废弃物的排放，实现了清洁生产，形成了循环经济共生网络链。产业共生网络链把循环经济的理念贯穿于新疆天业氯碱化工产业循环经济建设的每一个环节，通过对废弃物的减量化、再循环、再利用，带动了新疆天业经济效益、资源效率和环境效率的全面提升，走出了一条环境污染小、资源消耗低的新型工业化道路。

第 5 章

循环经济模式下的新疆天业生态效率评价

通过对第 4 章的分析，我们了解到新疆天业循环经济的发展质量、发展水平，对生态效率评价可以找出新疆天业循环经济系统的节能减排的潜力，明确新疆天业未来的发展方向和重点。根据新疆天业循环经济产业链的特点：电石法聚氯乙烯以煤炭、原盐和石灰石等原料为起点，产业内部企业间相互协作、形成相互联系的生态产业链。产业链中企业间的分工合作关系使新疆天业的总功能大于各企业叠加功能之和，从而成为新疆天业竞争力的重要来源。但是大多数新疆氯碱化工企业片面追求经济效益，使新疆氯碱化工工业的发展给当地生态环境带来了极大的压力。因此，有必要加强对新疆氯碱化工产业循环经济发展的定量研究。

本章构建相应指标体系并基于具体的新疆天业循环经济的运行数据，采用 DEA 分析模型对新疆天业生态效率的综合水平进行测度，研究结果将对新疆天业乃至整个新疆氯碱化工产业改进管理决策进而提升生态效率提供理论支持。

5.1 研究方法选择

目前的生态效率评价方法总结起来主要有生态效率指标评价分析法、经济—环境比值评价法、生态足迹法、物质流分析法、参数分析法和非参数分析法等六种方法,这种方法在评价生态效率时各有其自身的优势和特点。

(1) 指标分析评价法。

设立的指标比较符合现实情况,考虑了不同项目的效率大小。但评价指标过多,主观影响不同指标间权重的设定,并且投入与产出之间的单位必须相同,但不易判断相对指标效率的大小。

(2) 经济—环境比值评价法。

是传统的生态效率评价方法,容易理解,计算简单,但容易忽略其他因素对生态效率的作用。

(3) 生态足迹法。

此方法应用范围广泛,易于理解,计算方法简便,但生态足迹法是一种静态分析方法,不能反映未来的趋势发展过程。

(4) 物质流分析法。

此方法弱化了物质流动带来的环境影响与物质流指标之间的联系,仅考虑经济和环境两个方面的总物质量变化,能够得到环境压力和经济发展指标。

(5) 参数分析法。

此方法可以使用样本面板数据、横截面数据和时间序列数据,对经济发展进行长期预测。可以对经济发展进行制度假设和行为假设,但不能评价不同类别投入要素的效率。

(6) 非参数分析。

数据包络分析以相对效率概念为基础,以优化为主要方法,以数学规划为主要工具,根据多指标投入和多指标产出数据对相同类型的部门进行相对有效性或效益评价的一种方法,该方法通过建立规划模型来达到对决策单元进行评价的目的。

此方法通过比较一个特定单位和一组提供相同生产或服务的类似单位的经济和环境绩效,使该单位的效率最大化。相对有效率单位取得100%的效率得分,而另外无效率单位的效率评分低于100%。这样,企业的管理者就可以采用DEA模型来分析比较一组单位,发现相对无效率单位,评价无效率的严重性,并通过比较有效率和无效率单位,找出减少无效率的方法。目前对生态效率评价研究的文献中采用DEA方法的较多。

5.2 DEA 模型

1. DEA 模型的基本内涵

假定有 n 个独立的决策单元在一个特定的生产系统中 DMU_j($j = 1, 2, \cdots, n$),有 m 种投入在每个决策单元(DMU),$X_j = (x_{1j}, x_{2j}, \cdots, x_{nj})^T$,生产 s 种产品 $Y_j = (y_{1j}, y_{2j}, \cdots, y_{sj})^T$,于是,可以用 (x, y') 来表示一个决策单元(DMU)的全部生产活动。

法瑞尔等(Farrell et al.)提出了生产前沿面的概念,为了评价每个决策单元(DMU)的经济产出效率。假设 $(x, y) \in T$,如果不存在 $(x, y) \in T$,且 $y' \geq y$,那么 (x, y) 就处在生产前沿面上。则称 (x, y) 有效。生产前沿能反映一个决策单元(DMU)的目前技术状况,它表示每一个投入组合所能获得的最大经济产出,是指生产可能集中所有的有效生产点(x,y)形成的超曲面。只需要测度各个生产点与生产前沿面之间距离,就可以测量决策单元(DMU)的效率;距离越小,效率则就越高,被测量的决策单元(DMU)无效性越低;反之,效率就越低;当生产点与生产前沿面的距离为零时,该生产点是有效的,即生产点处于生产前沿面上时。

2. DEA 基本模型

DEA 有两种形式的模型:一种是分式规划模型;另一种是线性规划模型;这两种模型是等价的,前者是投入与产出数据的比值,后者是通过一系列的公理假设演化而来的,出于分析和计算上的原因,一般使用前者。

(1)假定决策单元(DMU)的规模收益不变,DEA 效率评价模型表示为:

$$\min \theta$$
$$\text{s.t.} \sum_{j=1}^{n} n_j x_{ij} + s^- = \theta x_0, \quad (5-1)$$
$$\sum_{j=1}^{n} n_j y_{rj} - s^+ = y_0$$
$$s^-, s^+ \geq 0, n_j \geq 0, i = 1, 2, 3, \cdots, m;$$
$$r = 1, 2, 3, \cdots, s; j = 1, 2, 3, \cdots, n$$

在公式(5-1)中,s^+,s^-分别表示投入/产出各项的松弛变量。公式(5-1)是在规模收益不变的条件下,尽可能减少决策单元(DMU)投入的资源能源。公式(5-1)被称为 CCR 模型,是典型的 DEA 模型,是查恩斯等(chames et al.)提出的。若当前被评价的 DMU_0 是弱 DEA 有效的,则公式(5-1)的最优值 $\theta^* = 1$;如果被测度的 DMU_0 是 DEA 有效,则最优解满足 $\theta^* = 1$,且 $s^{-*} = 0$,$s^{+*} = 0$。

(2)假定决策单元(DMU)的规模收益可变,DEA 效率评价模型表示为：

$$\min \varphi$$
$$\text{s.t.} \sum_{j=1}^{n} n_j x_{ij} + s^- = \varphi x_0, \quad (5-2)$$
$$\sum_{j=1}^{n} n_j y_{rj} - s^+ = y_0$$
$$\sum_{j=1}^{n} n_j = 1$$
$$n_j \geqslant 0, \ r = 1, 2, 3, \cdots, s; \ j = 1, 2, 3, \cdots, n;$$
$$i = 1, 2, 3, \cdots, m;$$

公式（5-2）是被称为 BBC 模型，此模型是由班克等（Banker et al.）提出的，是假定决策单元（DMU）规模收益可变前提下的效率评价模型。以上模型都是投入导向的 DEA 效率评价模型；类似地，如果保持投入不变，则可以采用产出导向的 DEA 模型，研究每个决策单元（DMU）的产出情况。

需要重点强调的是，利用 CCR 模型得到的决策单元（DMU）效率值不仅含有技术效率，而且含有规模效率；而利用 BCC 模型得到的仅仅是决策单元（DMU）的技术效率。

5.3　DEA 模型在新疆天业生态效率评价中的应用

传统的 DEA 效率评价模型，无论是 BCC 模型还是 CCR 模型，在研究决策单元（DMU）的效率时，仅仅考虑产量、劳动力、收益和资金等作为投入和产出的经济指标，期望产出则越大越好，而投入的决策单元（DMU）越小越好，这样的投入/产出通常被称为期望指标。然而，在评价生态效率中，不期望的投入/产出和期望的投入/产出可能同时存在。比如，新疆天业在生产氯碱产品的同时，排放了大量的电石渣、汞、氯化氢、二氧化硫和二氧化碳等污染物，排放的污染物是不期望产出，而氯碱产品是期望产出。在评价新疆天业生态效率时，企业管理者希望生产的产品越多越好，排放的污染物越少越好。由于存在不期望的投入/产出指标，应考虑采用其他的评价方法分析决策单元（DMU）的生态效率，而不能简单地使用传统的 DEA 模型来处理这些数据。

5.3.1 新疆天业污染物处理

1. 处理污染物的方法

处理污染物的方法是指如何设定污染物指标在应用 DEA 模型中，使得评价指标体系中包含污染物指标和经济指标，以便评价分析决策单元（DMU）的生态效率。自非期望投入/产出指标的 DEA 模型被费尔等（Fare et al.，1978）提出以来，许多学者进行了大量研究对有关处理非期望投入/产出的指标，总体而言，可以分为方向距离函数法、数据转换函数处理法以及曲线测度评价法等主要的分析方法。

谢泼德等（shephard et al.，1970）提出了方向距离函数法分析法，由生产前沿面到生产点上的距离来评价决策单元（DMU）的效率，距离越大，效率越低；反之，则越高；当决策单元（DMU）对应的生产点位于生产前沿面上时，距离为零，此时决策单元（DMU）的效率等于 1。方向距离函数法可以使投入和产出按照设定的方向扩大和减少，同时按照一定的方向改变决策单元（DMU）的效率。基于污染物的弱处理性，钟等（Chung et al.，1997）提出了方向距离函数的环境效率 DEA 分析模型，在提高决策单元（DMU）的环境效率时，该研究能够预先设定效率改变的方向，使得沿着该方向减少污染物排放，同时增加期望产出。这种研究法可以将决策者的主观偏好与 DEA 模型相结合，按照决策者的要求预先设定改进效率的方向。

数据转换函数一般有三种表现形式：线性数据转换、非线性数据转换和负产出。线性的数据转化方法在 CCR 模型中无法保持分类的一致性，但在 BCC 模型中能够保持分类不变性与 DEA 有效性；而非线性的数据转化方法把模型的凸性要求破坏了；负产出不符合效率分析的要求把污染物作为负数的形式进行效率评价，即投入/产出数据应是非负数。数据转换函数法是将非期望产出转化为期望产出，然后把转化后的产出作为期望产出，再利用 DEA 模型分析决策单元（DMU）的效率。因此，数据转换函数法很少应用在实践中。

费尔等人提出了曲线测度评价法，相对于径向测量而言，它是一种非线性的效率测量方法。它将各种产出以"非对称"的方式处理，弥补了径向测度的不足，允许减少非期望产出，同时增加期望产出。

除了以上的三种主要评价方法外，还有一些其他的生态效率测量方法。在此不一一说明。

2. 新疆天业生态效率评价的处理污染物

新疆天业在生产氯碱化工产品的过程中产生污染物，即期望产出总是对应着一定的资源能源投入和污染物排放，期望产出越多表明污染物产生和资投入的能源也就越多。这种期望产出与污染物排放之间同时递增递减的关系类似于传统生产函数中的投入产出关系。

借鉴相关研究文献，并基于上述考虑，本书在新疆天业生态效率的评价过程中，基于投入导向型评价模型选择污染物当作非期望投入指标应用到传统的 DEA 效率评价模型中，以此来分析评价新疆天业的生态效率。

5.3.2 新疆天业生产可能集

假定有 n 个独立的决策单元在一个生产系统中，$DMU_j(j=1,2,\cdots,n)$，每个 DMU 有 m 种投入，$X_j = (x_{1j}, x_{2j}, \cdots, x_{nj})^T$，生产 s 种产品 $Y_j = (y_{1j}, y_{2j}, \cdots, y_{sj})^T$，同时有 k 种污染物排放出 $B_j = (b_{1j}, b_{2j}, \cdots, b_{nj})^T$。因为所有可能的生产活动构成的生产可能集可以用集合 $T = \{(x, y, b) | x 能生产出 y, b\}$ 来表示，所以一个决策单元（DMU）的整个生产活动可以用 (x, y, b) 来表示。

一般来说，参考单元集是由 n 个独立的 $DMU(DMU_j, j=1,2,\cdots,n)$ 的生产活动 (x_j, y_j, b_j) 组成的集合 $\hat{T} = \{(x_1, y_1, b_1), \cdots, (x_n, y_n, b_n)\}$。生产可能集通常必须满足无效性、锥性、凸性以及最小性四条公理。其中，无效性表示在原生产活动的基础上增加投入或减少产出总是可能的；锥性表明以原先 k 倍的投入作为新的投入，获得 k 倍的原产出是可能的。

5.3.3 新疆天业生态效率评价模型

1. CCR 和 BCC 模型

假设新疆天业中有 n 个独立的决策单元 $DMU_j(j=1,2,\cdots,n)$（此处指产业链中的各企业），各自投入 m 种资源能源 $X_j = (x_{1j}, x_{2j}, \cdots, x_{nj})^T$，$S$ 种产品 $Y_j = (y_{1j}, y_{2j}, \cdots, y_{sj})^T$ 被生产，同时有 k 种污染物被排放出 $B_j = (b_{1j}, b_{2j}, \cdots, b_{nj})^T$，$k = s+1, s+2, \cdots, s+k$。这里，投入可以是资金、设备、劳动力和原材料等，经济产

出是企业生产的产品或企业利润。

如果输入指标是污染物，则第 j 个决策单元（DMU）的符合投入导向定义效率指数为：

$$\max \frac{\sum_{r=1}^{s} u_r y_{rj_0}}{\sum_{i=1}^{m} v_i x_{ij_0} + \sum_{r=s+1}^{s+k} u_r y_{rj_0}}$$

$$\text{s.t.} \quad \frac{\sum_{r=1}^{s} u_r y_{rj_0}}{\sum_{i=1}^{m} v_i x_{ij_0} + \sum_{r=s+1}^{s+k} u_r y_{rj_0}} \leq 1 \quad (5-3)$$

$r = 1, 2, 3, \cdots, s+1, \cdots, s+k;\ j = 1, 2, 3, \cdots, n;$

$u, v \geq 0;\ i = 1, 2, 3, \cdots, m;$

将公式（5-3）进行转化后得到基于投入导向的 CCR 模型（5-4）和 BCC 模型（5-5）：

$$\min[\theta - \varepsilon E^T(s^b + s^g + s^-)]$$

$$\text{CCR 模型} \quad \begin{aligned} &\sum_{j=1}^{n} \lambda_j x_j + s^- = X_{j_0}\theta \\ &\sum_{j=1}^{n} \lambda_j Y_j^g - s^g = Y_{j_0}^g \\ &\sum_{j=1}^{n} \lambda_j Y_j + s^b = \theta Y_{j_0}^b \end{aligned} \quad (5-4)$$

$j = 1, 2, 3, \cdots, n;\ \lambda, s^b, s^g, s^- \geq 0,\ \varepsilon > 0$

$$\min[\theta - \varepsilon E^T(s^b + s^g + s^-)]$$

$$\text{CCR 模型} \quad \begin{aligned} &\sum_{j=1}^{n} \lambda_j x_j + s^- = X_{j_0}\theta \\ &\sum_{j=1}^{n} \lambda_j Y_j^g - s^g = Y_{j_0}^g \\ &\sum_{j=1}^{n} \lambda_j Y_j + s^b = \theta Y_{j_0}^b \end{aligned} \quad (5-5)$$

$$\sum_{j=1}^{n} \lambda_j = 1$$

$j = 1, 2, 3, \cdots, n; \lambda, s^b, s^g, s^- \geqslant 0, \varepsilon > 0$

公式（5-4）和式（5-5）的经济学含义是：在新疆天业产出不变的情况下，决策单元（DMU）j_0 为 DEA 有效时，最优解 $\theta^* = 1$，$s^{g*} = 0$，$s^{b*} = 0$，$s^{-*} = 0$ 时；当 $\theta^* < 1$ 或 $s^{-*} \neq 0$，$s^{b*} \neq 0$，$s^{g*} \neq 0$ 时，则称决策单元（DMU）j_0 为非 DEA 有效；若 $\theta^* = 1$，或 $s^{g*} \neq 0$ 且 $s^{-*} \neq 0$ 或 $s^{b*} \neq 0$ 时，则判定决策单元（DMU）j_0 为弱 DEA 有效。

2. Malmquist 生产力指数模型

如果我们仅使用 CCR 和 BCC 模型对生态效率进行评价，对新疆天业生态效率的评价没有动态的论述，都是静态的，为了客观评价技术变动效率、综合技术效率与总要素生产率变动的关系，本书采用费尔等（Fare et al., 1992）定义的 Malmquist 指数（MPI）对新疆天业循环经济发展质量进行动态分析，生产率变动指数（MPI）是假定规模报酬不变的前提下所测度的指数：

$$MPI_i^t(X^{t+1}, Y^{t+1}, X^t, Y^t) = \left[\frac{D_0^{t+1}(X^{t+1}, Y^{t+1} \mid CRS)}{D_0^{t+1}(X^t, Y^t \mid CRS)} \right.$$

$$\left. \frac{D_0^t(X^{t+1}, Y^{t+1} \mid CRS)}{D_0^t(X^t, Y^t \mid CRS)} \right]^{\frac{1}{2}} \quad (5-6)$$

效率变化指数（TEC）可以分解为规模效率变动指数（SEC）和纯技术效率变动指数（PTEC）。所以，MPI 指数可以分解为：

$MPI_i^t(X^{t+1}, Y^{t+1}, X^t, Y^t) = $ 技术变动指数$(X^{t+1}, Y^{t+1}, X^t, Y^t)$

$\times$ 效率变化指数$(X^{t+1}, Y^{t+1}, X^t, Y^t)$

(5-7)

生产率变动指数（MPI）= 技术效率变动指数 × 技术变动指数

= 纯技术效率变动指数 × 规模效率

变动指数 × 技术变动指数

生产力变动指数（MPI），表示在 t 期至 $t+1$ 期间一个特定企业生产力水平的变化程度，如果当生产力呈现衰退的趋势，生产率指数（MPI）<1；反之，如果当生产力呈现成长的趋势，生产率指数（MPI）>1。

技术变动指数（TC），表示在 t 期至 $t+1$ 期间一个特定企业生产技术的变化程度，即该企业生产技术变动的创新程度，是该企业在 $t+1$ 期与 t 期的生产技术变动值比值的几何平均数。如果技术变动指数（TC）<1，表示生产技术有衰退的趋势；反之，如果技术变动指数（TC）>1，表示生产技术有所进步。

技术效率变动指数（TEC）表示在要素可以自由处置并且规模报酬不变的前提下相对效率的变化指数，从时期 t 到 $t+1$ 这个指数测量可能性生产边界对每一个决策单元（DMU）的接近程度。是在 $t+1$ 期一个具有效率的企业和在 t 期一个特定企业的投入产出效率之差除以这个企业的投入和产出之差的比率，即效率模仿变动程度。如果技术效率降低，则技术效率变化指数（TEC）<1；反之，如果技术效率有所改善，技术效率变化指数（TEC）>1。其中技术效率变动指数（TEC）可以分解为规模效率变动指数（SEC）和纯技术效率变动指数（PTEC）。

5.4 新疆天业生态效率评价指标体系设立的依据

在使用 DEA 模型对新疆天业生态效率进行评价之前，其输入、输出指标的选择起着非常重要的作用对于客观地反映被测量对象的生态效率，它是反映新疆天业节约状况、生态环境质量、经济发展，资源利用状况的一系列指标组成的既相互联系又相对独立的体系。新疆天业生态效率评价指标的选择是综合反映新疆天业生态化水平的依据，也是评价新疆天业循环经济发展水平的基础。

新疆天业发展循环经济的动力源于对经济效益的追求，而发展过程中从外部环境摄入的煤炭、石灰石和原盐以及排放的副产品和废弃物则构成了其对生态系统的压力。为了综合考虑新疆天业在实现经济效益和施加环境压力方面的双重影响，借用促进可持续发展全球企业委员会于2000年8月提出的生态效益评估标准作为新疆天业生态绩效评价的维度，即生态效率，它被解释为企业创造的产品与服务的价值（增加值和产值等）与生态环境影响值（能源耗用量、资源、污染物排放量等）的比值。因此，我们用能源使用原材料耗用率，效率、废水、废气、固体废物排放量作为生态效率的评价指标[1][2]。

新疆天业生态效率评价指标的选择和构建评价指标体系，是一个整体分析新疆天业生态效率各方面影响因素的过程。本书对评价指标体系的构建思路。一是要体现新疆氯碱化工产业生态效率的内涵，体现新疆天业消耗资源能源、排放污染物和副产品的特征。二是能够全面体现新疆天业循环经济模式的特征，要结合新疆天业产业链的生产工艺特点。三是要体现新疆天业可持续发展的目标。四是要借鉴和参考我国氯碱化工行业现有的技术经济评价指标，使评价指标的选择具有可操作性[3]。

---

[1] 楚中会. 新疆天业在电石法聚氯乙烯聚合行业的创新和发展 [J]. 石河子科技，2015 (5)：26 - 28.
[2] 周军，张磊. 氯碱工业发展循环经济的理论与实践 [J]. 氯碱工业，2010 (11)：1 - 4.
[3] 张雪梅. 西部地区生态效率测度及动态分析：基于2000~2010年省际数据 [J]. 经济理论与经济管理，2013 (2)：78 - 85.

评价指标体系是建立在一定科学理论基础上的有机整体，而不是简单的组合一些指标。本书在构建新疆天业生态效率评价指标体系时遵循了以下原则[①]：科学性原则、可操作性原则、系统性原则、整体完备性原则、动态性原则、目标性原则、相对独立性原则。

本研究将新疆天业的生态效率评价指标体系分为变量指标和状态指标两个层面：①基于新疆天业的技术经济特点，我们构建了变量层指标，反映了新疆天业生态效率评价指标体系的投入产出特征；②构建状态层指标反映新疆天业生态效率评价指标体系的结构特性，是基于生态效率的基本概念和内涵。

根据新疆天业循环经济模式的技术经济特性和生态效率的概念和内涵，本研究选择经济增长、资源消耗、污染物排放和成本节约作为新疆天业生态效率评价四个方面的评价尺度，简而言之，将新疆天业生态效率评价指标分为污染物排放、资源消耗、成本节约、经济发展四个类别[②③]。

5.5 新疆天业生态效率评价指标体系的构建

5.5.1 新疆天业生态效率评价指标体系设计

根据新疆天业生态效率指标体系建立原则和评价指标体系设立

[①] 庄晋财, 黄凡, 程李梅. 企业集群生态绩效评价方法及其运用——以广西宾阳再生纸集群为例 [J]. 云南财经大学学报, 2009, 136 (2): 124-131.

[②] 张亚连, 张卫枚, 孙凤英. 生态经济效率评价系统设计——以制造型企业为例 [J]. 系统工程, 2011, 29 (8): 91-95.

[③] 王新花, 潘响亮. 新疆天业工业园区周围环境汞污染分析 [J]. 干旱区研究, 2014 (4): 779-784.

的依据，我们详细的设计了评价指标体系。新疆天业生态效率评价中的"输入"是指污染物、废弃物排放和资源能源消耗所造成的环境影响，可分为污染物、废弃物排放和资源能源消耗两个部分；"输出"包括成本节约和经济发展两个方面，是指产品或服务的价值。具体指标如表5-1所示[1][2][3]。

表 5-1　　　　　　新疆天业生态效率评价指标体系

类别	指标	具体指标
输入指标	排放污染物和废弃物	单位工业产值汞、电石渣、盐泥排放量（千克/万元）
		单位工业产值 COD 排放量（千克/万元）
		单位工业产值氯乙烯、二氧化硫、氯化氢和氯气排放量（千克/万元）
	消耗资源能源	单位工业增加值资源能源消耗（吨标煤/万元）
		单位工业增加值新鲜水消耗（立方米/万元）
		单位工业增加值原材料消耗（吨/万元）
输出指标	成本节约	降低原材料成本
		废弃物、副产品处理成本的降低
		物流成本降低率
	经济发展	资源产出率
		工业增加值增长率
		人均工业增加值（万元/人）

---

[1]　吴金艳. 西部地区生态效率测度及其影响因素研究 [J]. 学术论坛, 2014 (6)：70-75.

[2]　黄和平, 伍世安, 智颖飙等. 基于生态效率的资源环境绩效动态评估——以江西省为例 [J]. 资源科学, 2010, 32 (5)：924-931.

[3]　陈勇, 童作锋, 蒲勇健. 钢铁企业循环经济发展水平评价指标体系的构建及应用 [J]. 干旱区地理, 2009 (12)：82-87.

5.5.2 新疆天业生态效率评价指标体系释义

1. 污染物和废弃物排放指标

（1）单位工业产值汞、电石渣和盐泥排放量（千克/万元）。

指标说明：指新疆天业创造万元工业产值向环境中排放的汞、电石渣和盐泥量。

$$\text{单位工业产值汞、电石渣、盐泥排放量（千克/万元）} = \frac{\text{汞、电石渣和盐泥排放量（千克）}}{\text{工业产值（万元）}} \times 100\%$$

（2）单位工业产值 COD 排放量（千克/万元）。

指标说明：指万元工业产值排放的废水中污染物所需化学需氧量。包括经新疆天业污水处理厂处理后排放的废水和直排废水。

$$\text{单位工业产值 COD 排放量（千克/万元）} = \frac{\text{COD 排放量（千克）}}{\text{工业产值（万元）}} \times 100\%$$

（3）单位工业产值氯乙烯、二氧化硫、氯化氢和氯气排放量（千克/万元）。

指标说明：指新疆天业创造万元工业产值向空气中排放的氯乙烯、二氧化硫、氯化氢和氯气量。

$$\text{单位工业产值氯乙烯、二氧化硫、氯化氢和氯气排放量（千克/万元）} = \frac{\text{氯乙烯、二氧化硫、氯化氢和氯气排放量（千克）}}{\text{工业产值（万元）}} \times 100\%$$

2. 资源能源消耗指标

（1）单位工业增加值资源能源消耗。

指标说明：指报告期内新疆天业资源能源消耗总量与企业工业增加值之比。各种能源均按国家统计局规定的折现系数转换成标准煤计算。综合能耗总量：是指新疆天业用于生产的电、油、煤等能源的消耗。

$$\frac{单位工业增加值资源能源}{消耗（吨标煤/万元）} = \frac{综合能耗总量（吨标煤）}{工业增加值（万元）}$$

（2）单位工业增加值新鲜水消耗。

指标说明：新疆天业工业增加值（万元）消耗的新鲜水量。

新鲜用水量：指报告期内新疆天业用于生产所消耗的新鲜水量，它等于企业从外界获取的用水量。

$$\frac{单位工业增加值新鲜水}{消耗（立方米/万元）} = \frac{工业用新鲜水量（立方米）}{工业增加值（万元）}$$

（3）单位工业增加值原材料消耗。

指标说明：即报告期内新疆天业主要原材料消耗的总和（用价值量表示）与工业增加值的比值。反映经济增长对原材料的消耗强度，是管理水平、经济结构调整和技术的整体表现。

$$\frac{单位工业增加值}{原材料消耗（吨/万元）} = \frac{总物耗（吨）}{工业增加值（万元）}$$

3. 成本节约指标

新疆天业共生产业网络链之间的联系越紧密，节约的成本就越大，本研究主要从以下几个角度来进行考虑。

（1）降低原材料成本。

指标说明：指的是在新疆天业产业共生网络链内，各共生产业链之间存在废弃物和副产品的交换，上游企业产生的废弃物或副产品作为下游企业的原材料，降低了原材料生产成本。

$$原材料成本降低率 = \frac{原材料成本节约金额（万元）}{原材料采购金额（万元）+原材料成本节约金额（万元）} \times 100\%$$

（2）废弃物、副产品处理成本的降低。

指标说明：指的是新疆天业循环经济产业链中的上游企业将副产品或废弃物提供给下游企业作为生产的原材料所节约的处理成本

的比率①。

$$废弃物处理成本降低率 = \frac{废弃物处理成本节约金额（万元）}{废弃物处理成本（万元）+ 废弃物处理成本节约金额（万元）}$$

（3）物流成本降低率。

指标说明：指的是新疆天业循环经济产业网络链中共生产业间物质流成本的节约比例。

$$物流成本降低率 = \frac{物流成本节约金额（万元）}{物流成本（万元）+ 物流成本节约金额（万元）}$$

4. 经济发展指标

（1）资源产出率。

指标说明：该项指标的比率越高，表明自然资源利用效率越高。主要是指新疆天业一次性资源（包括煤、石灰石、原盐等）消耗所生产的国内生产总值（按不变价计算）。

$$资源产出率 = \frac{国内生产总值}{一次资源消费总量}$$

（2）工业增加值增长率。

指标说明：是指在报告期内新疆天业工业的增加值相对上一年的工业增加值的增加部分和上一年同一时期工业增加值的比值。

$$工业增加值增长率 = \frac{当年工业增加值（万元）- 上年工业增加值（万元）}{上年工业增加值（万元）} \times 100\%$$

（3）人均工业增加值。

指标说明：工业增加值是新疆天业在报告期内以货币形式体现的生产活动的经济成果，是新疆天业在生产过程中新增加的价值。

---

① 周一虹，芦海燕，陈润羊. 企业生态效率指标的应用与评价研究——以宝钢、中国石油和英国BP公司为例[J]. 兰州商学院学报，2011，27（3）：23-28.

是指报告期内新疆天业人均创造的工业增加值。

$$人均工业增加值 = \frac{工业增加值（万元）}{年末从业人员数（人）}$$

5.6 数据来源

本书的数据来源，一方面主要来自对新疆天业的实地调研，之所以选择2007~2014年数据，是因为新疆天业循环经济产业链从2005年开始建设，到2007年初步见效，并逐步发展完善；另一方面来源于《中国化学工业年鉴》和氯碱化工企业上市公司年报，由于化工企业污染物数据的难获得性和便于企业间数据对比分析，本书选择2007~2014年我国氯碱化工行业具有代表性的五家企业的面板数据作为研究指标。本书首先从上述统计年鉴中获取企业各指标的数据来保障研究的可靠性；同时根据中国氯碱网对数据进行核实和补充，取其平均值对较小差别的数据，通过文献查询对较大差别的数据进行核实，从而保障各指标数据的可靠性。

5.7 新疆天业生态效率评价

5.7.1 新疆天业生态效率分析

新疆天业用循环经济的理念发展煤电一体化产业，使传统高污染、高能耗的电石法聚氯乙烯生产工艺发生了根本性的变革。是我国循环经济工作先进单位。是新疆氯碱行业唯一的国家清洁生产示范企业，构建了10条主要的产业生态链，今后还可以逐步丰富循环经济产业链共生网络，它们可以各自形成相对独立的产业链，通过物质流、能量流和信息流相互连接在一起，构成了多种物质能量链接的产业共生网络链。另外，不仅在新疆天业内部构成了物质和能量的循环，还可以和建筑、食品加工和农业相结合，组成新疆天业内部的产业共生网络链。2007~2014年，新疆天业生态效率的评价指标值如表5-2所示。

表5-2　　　　　　新疆天业生态效率评价指标值

评价指标	2007年	2008年	2009年	2010年	2011年	2012年	2013年	2014年
C_1	141.4	137.4	112.6	89.4	84.3	79.4	82.7	74.8
C_2	37.5	34.9	29.2	31.6	27.9	24.8	24.1	19.6
C_3	39.2	32.9	27.9	24.8	23.1	24.8	18.9	15.9
C_4	8.65	7.93	7.31	5.23	6.98	6.13	5.88	5.06
C_5	0.417	0.325	0.288	0.270	0.257	0.266	0.220	0.183
C_6	0.817	0.711	0.631	0.542	0.423	0.371	0.441	0.461
C_7	16.93	19.77	22.87	18.92	21.97	17.69	24.21	26.93
C_8	9.78	11.81	14.54	16.67	24.19	22.59	26.86	31.87
C_9	9.57	10.5	16.6	18.3	26.4	35.8	43.3	46.6
C_{10}	13.7	15.9	18.3	24.5	25.6	39.8	33.3	34.9
C_{11}	57.3	64.5	74.6	77.4	83.3	76.6	81.2	85.3
C_{12}	7.84	9.76	12.32	13.21	13.87	15.17	21.59	23.45

资料来源：企业实地调研。

从表5-2可以看出，新疆天业想要提高其生态化水平，可以加强以下几个方面：①减少物耗、水耗和能耗。从技术方面分析，还是有很大的提升空间，但是考虑到大量的废弃资源在产业共生网络的运行过程中得到了循环利用，因此增加物耗、水耗和能耗也是不可避免的；②降低化学需氧量（COD）、氨氮和二氧化硫等有害废气的排放量。新疆天业已经基本实现对液体废弃物和固体废弃物的有效利用，但是还需进一步提升对于处理废气的能力，尤其是处理水泥厂与电石厂废气中的化学需氧量（COD）和二氧化硫。

（1）如表5-3所示，从DEA计算结果来看，新疆天业的生态效率在2007年、2008年、2009年、2010年和2013年非DEA有效，而且规模效率增加，说明新疆天业的循环经济产业共生网络链在此期间逐步得到完善，并延伸了生态产业链，其生产规模不断扩大，总体上逐步改善了生态效率，新疆天业的实际情况基本上符合这个研究结果。从2005年以来新疆天业通过强化节能降耗及污染减排，加强资源化再利用及废弃资源回收等措施，大力发展循环经济，在资源综合利用方面取得了新的进展。新疆天业在2011年，2012年和2014年DEA有效，规模效率不变。规模效率与企业生态效率改善呈负向相关关系。规模效率总体呈不断下降趋势，说明新疆天业的发展中存在规模不经济的问题，需要不断提高规模经济效率，在经济规模不断扩大的同时改变以往低产出、高投入的粗放型经济发展方式。

表5-3　　　　　　　　新疆天业生态效率评价结果

DMU	2007年	2008年	2009年	2010年	2011年	2012年	2013年	2014年
θ	0.396	0.486	0.635	0.893	1	1	0.987	1
SR	0.669	0.766	0.879	0.914	1	1	0.964	1
s_1^{-*}	87.636	79.987	46.531	21.102	0	0	9.976	0
s_2^{-*}	21.31	19.04	11.744	13.923	0	0	2.686	0

续表

DMU	2007 年	2008 年	2009 年	2010 年	2011 年	2012 年	2013 年	2014 年
s_3^{-*}	26.327	20.506	13.511	10.354	0	0	2.566	0
s_4^{-*}	4.736	4.204	2.779	0.544	0	0	0.789	0
s_5^{-*}	0.187	0.179	0.127	0.108	0	0	0.037	0
s_6^{-*}	0.412	0.366	0.229	0.127	0	0	0.081	0
DEA 有效	无效	无效	无效	无效	有效	有效	无效	有效
规模效率	增加	增加	增加	增加	不变	不变	增加	不变

资料来源：企业实地调研。

（2）从非 DEA 有效的投影结果看，说明新疆天业的产业属性不是通常意义上的氯碱化工产业，由于在这里采用了循环经济的发展模式，延伸了产业链，变"上游产业废弃物"为"下游产业的资源"，以资源高效利用为核心，注重构建新疆天业各企业内部的小循环，因此，没有传统氯碱行业对环境的影响大。但即便如此，在环境问题上仍然存在隐患，主要体现在以下几点。

①资源浪费问题在粗放经营中依然存在。我们的调查中发现，新疆天业为了将来项目的扩建，厂区内大片土地未投入生产使用；企业所采购原料含渣率过高，导致耗用率高；企业电石渣、盐泥和焦炭粉循环利用的程度较低，是造成新疆天业固废污染的主要原因。另外，新疆天业的废水排放生态效率指标较好，这说明新疆天业已经注意从节约能源、清洁生产和废水处理等方面进行污染控制，并取得显著成效。

②空气环境质量仍需改进。由于新疆天业的粉煤灰、石灰粉和焦炭粉循环利用程度较低，造成区域空气污染，尽管重大污染事故还没有发生，但周围居民仍然非常不满。并且，新疆天业属于重化工企业，工作环境相对较差，员工对工作环境的满意度也较低。新

疆天业的生产工艺在某些方面已经达到国际先进水平，但因各有侧重，从而导致生态效率不能全面提高，这是新疆天业一直以来面临的严峻问题，需要引起管理层的高度重视。

③新疆天业环保意识较强，但环保设施仍需加大投入。从污染排放和成本节约指标评价值看，说明新疆天业的环保意识较强，环保体系健全。但资源消耗水平较高，新疆天业需加大这方面的建设投资。

从表 5-4 可以看出，在非 DEA 有效的年份新疆天业生态效率评价结果中都出现了投入的实际值大于目标值效率的现象，这表明在产出保持不变条件下出现了明显的冗余投入。根据以上表中选取的资源投入（单位工业产值消耗新水、单位工业产值资源能源消耗）和非期望产出［二氧化硫排放量、化学需氧量（COD）排放量］，可以发现，自 2007~2014 年以来，四种投入都出现了程度不同的冗余，其中 2008 年二氧化硫和化学需氧量（COD）排放量冗余较为严重，效率目标值与实际值相差达到了 54.3% 和 54.1%，2009 年二氧化硫和化学需氧量（COD）排放量的效率目标值与实际值相差分别为 49.1% 和 44.9%，2010 年二氧化硫和化学需氧量（COD）排放量的效率目标值与实际值相差分别为 42.9% 和 36.7%，这表明 3 年来新疆天业污染物排放和资源消耗均出现了不合理的情况；而综合能耗的差值比和单位工业增加值消耗新水相对较低，看出存在较为严重的冗余投入情况。投入的资源能源过剩，不仅浪费了资源能源，而且也产生了不利影响对区域的生态环境。2011 年之后新疆天业在不断减少资源能源消耗，努力减少排放"三废"方面的取得了一定的效果，实际值与投入目标值的差距呈不断下降的趋势。

表 5-4　　　　新疆天业投入效率目标值与实际值比较

	2007年	2008年	2009年	2010年	2011年	2012年	2013年	2014年
单位工业产值二氧化硫排放量	2.94	2.72	2.61	2.5	2.35	1.82	1.75	1.8
效率目标值	1.76	1.75	1.75	1.75	2.35	1.75	1.75	1.8
差值比	0.671	0.543	0.491	0.429	0	0.04	0	0
单位工业产值化学需氧量（COD）排放量实际值	0.167	0.151	0.142	0.134	0.121	0.111	0.098	0.063
效率目标值	0.098	0.098	0.098	0.098	0.121	0.098	0.098	0.063
差值比	0.704	0.541	0.449	0.367	0	0.133	0	0
单位工业增加值综合能耗	749.23	727.18	628.32	609.86	581.83	583.85	575.55	583
效率目标值	575.55	575.55	575.55	575.55	581.83	575.55	575.55	583
差值比	0.302	0.263	0.092	0.060	0	0.014	0	0
单位工业增加值新鲜水耗	5	5	4.86	4.56	3.86	3.85	3.51	3.16
效率目标值	3.51	3.51	3.51	3.51	3.86	3.51	3.51	3.16
差值比	0.425	0.425	0.385	0.299	0	0.097	0	0

资料来源：企业实地调研。

5.7.2 新疆天业 Malmquist 效率指数分析

由以上的分析可知，规模效率和技术效率影响新疆天业的生态效率，而 Malmquist 生产力指数表示生产率变动，可以动态的描述新疆天业技术变动和综合技术效率变动的基本情况，其中技术变动表示的是新疆天业的技术进步，而综合技术效率的变动表示新疆天业管理决策的正确与否与管理方法的优劣[①][②]。我们使用 DeaP2.1 软件对新疆天业 2007～2014 年期间的效率变动情况进行了研究，利用实际调研的面板数据，采用非参数方法计算 2007～2014 年的 Malmquist 效率指数，并将 Malmquist 效率指数进一步分解为技术进步指数和技术效率指数，以全面分析新疆天业全要素生态效率的变动状况（如表 5-5 所示）。

表 5-5　　　　　　　新疆天业 Malmquist 指数变动

年份	技术进步	技术效率变动	规模效率变动	纯技术效率变动	Malmquist 指数
2007～2008	1.125	1.191	1.011	1.324	1.506
2008～2009	1.009	1.094	1.022	1.214	1.370
2009～2010	1.012	1.374	1.126	1.325	1.374
2010～2011	1.027	0.948	0.769	1.279	0.958
2011～2012	1.112	1.126	1.039	1.256	1.634
2012～2013	1.019	1.227	1.136	1.047	1.487
2013～2014	1.016	1.245	1.159	1.098	1.610

资料来源：企业实地调研。

由表 5-5 可以看出，2007～2014 年 Malmquist 生产力指数呈现波动上升的趋势：2011 年的新疆天业的 Malmquist 指数比 2010 年降低了 4.2%，这主要来源于新疆天业技术进步指数的下降，其他各期的效率都在 1 以上，整体上近年来新疆天业的纯技术效率、综合

[①] 闫军印，齐中芳，冯兰刚. 基于 DEA 和 Malmquist 指数的钢铁企业生态效率研究——以河北钢铁股份有限公司为例 [J]. 石家庄经济学院学报，2014（5）：40-45.
[②] 陈若华，龚光明，吕一. 企业生态收益：过程控制与效率——以大唐湘潭电厂为例的分析 [J]. 云南财经大学学报，2012（6）：154-160.

技术效率、技术进步和规模效率逐年上升。2011年新疆天业的最大技术进步贡献率达到37.4%，表明近年来持续的技术进步对提升新疆天业的生态效率发挥了重要的作用。2013~2014年新疆天业的技术进步变化不大，并呈现出一定的下降趋势，且比其他年份稍低。

自2007~2014年以来，尽管新疆天业的生态效率出现了变化波动，但整体呈现出不断上升的趋势；通过进一步分解综合技术效率可以看出，新疆天业整体生态效率有效，纯技术效率贡献小于规模效率的贡献，表明新疆天业生产能力的集中度正在不断提升，对新疆天业整体生态效率有提升作用；对新疆天业的实际投入值和目标投入值进行分析比较，存在投入冗余现象，具体是在"三废"排放和资源能源消耗方面，存在有较大的提升空间；近年来新疆天业整体生态效率改善明显，但通过评价模型进一步分析发现，新疆天业提高技术效率还有很大发展空间；通过对Malmquist指数分析表明，新疆天业的技术进步速度还是明显偏低，尽管技术进步因素对提升新疆天业的生态效率起到了重要的作用。

进一步分析发现，尽管2007~2014年新疆天业规模效率指数、纯技术效率指数和综合技术效率指数有些变动，但变动幅度都不大，明显可以看出新疆天业技术水平的变化造成了全要素生产率的较大变化，这表明技术水平是影响新疆天业生态效率的重要因素。

5.7.3 新疆天业发展循环经济存在的不足

通过以上对生态效率评价分析可知，新疆天业通过循环经济模式形成了的各种资源相互利用的循环网络链，但在具体实践中还存在许多不足，主要表现为：

1. 目前的产业结构明显不合理

新疆天业基本上是以烧碱和聚氯乙烯为主循环经济产业结构，销售烧碱和聚氯乙烯收入占总收入比重偏大，非氯碱产品销售收入占总收入比例很低，产业中的其他企业都是为氯碱化工产业服务的，并且产业内部对聚氯乙烯和烧碱的消耗量比重很小，新疆天业的产品销售过分依赖外部市场，当出现产能过剩或产品价格波动情况，会对新疆天业的生产经营带来严重的影响。

2. 产品初级化，产业链条短

新疆天业烧碱和聚氯乙烯产销量很大，基本都是初级产品，产品的转化率较低，产品附加值低，因此循环经济产业链条短，新疆天业经济效益的增长方式主要依靠聚氯乙烯和烧碱的产量和销售收入增加。

3. 产业链中的非氯碱化工企业竞争力弱，规模较小

新疆天业已建立了建筑安装、机械维修、建材和食品等辅助性企业，但这些企业的发展过分依附于烧碱和聚氯乙烯，非氯碱产业规模较小，积累能力弱，尽管发展这些企业的减少了新疆天业氯碱化工产业带来的环境污染，实现了废弃物的循环利用，但由于基础差，市场竞争力不强，多数处于亏损状态。

4. 环境污染较重，资源没有利用充分

新疆天业在石灰石开和煤炭采过程中伴随副产品的大量产生如高岭岩、铝土矿、煤矸石等伴生资源，没有得到充分利用、大量废弃，不仅占用了大量的土地资源，而且造成资源的浪费，严重影响了土壤土质、空气质量和地下水等，严重破坏了环境。此外矿区内每年都直接排放大量废弃物，以上废弃物仅仅只有部分经过无害化处理，矿区的生态环境被严重的污染了。

5.7.4 企业间生态效率对比分析

为了能够进一步比较国内代表性氯碱化工生产企业与新疆天业的生态效率差异，受到数据资料的可获得性的限制，此处我们选取部分氯碱化工生产企业进行生态效率的对比分析，本次选取了使用电石法生产聚氯乙烯的中泰化学、内蒙古英力特、内蒙古亿利化学和宜宾天原等企业作为分析对比对象，分析结果如表5-6所示。

利用2007~2014年五家氯碱化工企业的面板数据，采用非参数方法计算2007~2014年间各年及年均的总体生态效率，并进一步分解为纯技术效率指数和规模效率，以剖析氯碱化工企业全要素生态效率的变动状况（如表5-6所示）。

从这五家氯碱化工企业整体技术进步状况来看，依次为新疆天业、中泰化学、宜宾天原、亿利股份；新疆天业与其他企业相比表现出一定的技术优势，明显高于其他四家企业，尤其是在生态效率方面的技术进步速度。从2007~2014年技术进步的发展速度来分析，各氯碱化工企业在技术进步方面保持在一个相对稳定的水平，但在个别的年份有小变动。

评价结果显示：①近年来，新疆天业的生态效率水平在不断提高，表明企业管理循环经济的能力、技术水平与其经营规模相适应，其投入和产出较为协调；②从规模效率上分析，新疆天业的规模效率近似等于1，表明提高企业生产能力集中度与提升企业生态效率有正向关联，对综合效率的贡献较大；③纯技术效率反映了新疆天业对废弃物的综合回收和再利用的能力，同时也体现了新疆天业在一定资源投入下实现的最大产出。新疆天业的纯技术效率偏低表明企业在技术能力提升方面有较大的发展空间。

第5章 循环经济模式下的新疆天业生态效率评价

表 5-6　企业间生态效率分析结果

年份	内蒙古英力特 总效率	内蒙古英力特 规模效率	内蒙古英力特 纯技术效率	中泰化学 总效率	中泰化学 规模效率	中泰化学 纯技术效率	新疆天业 总效率	新疆天业 规模效率	新疆天业 纯技术效率	宜宾天原 总效率	宜宾天原 规模效率	宜宾天原 纯技术效率	内蒙古亿利化学 总效率	内蒙古亿利化学 规模效率	内蒙古亿利化学 纯技术效率
2007	0.836	0.860	0.972	0.853	0.880	0.969	0.837	0.852	0.983	0.624	0.642	0.972	0.774	0.791	0.978
2008	0.836	0.860	0.972	0.853	0.880	0.969	0.837	0.852	0.983	0.624	0.642	0.972	0.774	0.791	0.978
2009	0.960	0.984	0.976	0.877	0.904	0.971	0.844	0.854	0.988	0.773	0.791	0.978	0.902	0.916	0.985
2010	0.963	0.982	0.981	0.895	0.915	0.978	0.906	0.916	0.990	0.932	0.948	0.984	0.932	0.944	0.988
2011	0.855	0.869	0.985	0.911	0.927	0.983	0.956	0.961	0.995	0.957	0.961	0.996	1	1	1
2012	0.960	0.968	0.992	0.965	0.975	0.990	0.983	1	0.983	0.969	0.970	1	0.985	0.986	0.999
2013	0.974	0.978	0.996	0.985	0.990	0.995	1	1	1	0.978	0.978	1	1	1	1
2014	0.987	0.991	0.996	1	1	1	1	1	1	1	1	1	1	1	1
均值	0.942	0.954	0.987	0.936	0.949	0.986	0.941	0.948	0.992	0.904	0.911	0.991	0.949	0.955	0.994

资料来源：企业实地调研和上市公司公开的资料。

如表5-7所示，新疆天业和其他四家氯碱化工生产企业相比较的生态效率值不低，并且呈现出逐年递增的趋势，但增幅并不大；与此同时，在2010年和2013年中，纯技术效率的平均值都小于资源消耗、污染物排放的平均值，由此我们可以看出纯技术无效率是新疆天业循环经济无效率的主要原因，纯技术效率反映了企业利用循环经济对生产中产生的废弃物综合利用的能力，是衡量以既定资源投入提供相应产出的能力。

表5-7　　2007~2014年各氯碱化工企业生态效率分析结果

企业名称	2007年	2008年	2009年	2010年	2011年	2012年	2013年	2014年	均值	排序
英力特	0.829	0.834	0.848	0.889	0.875	0.874	0.876	0.890	0.864	5
中泰化学	0.884	0.888	0.904	0.876	0.901	0.889	1	0.991	0.917	2
新疆天业	0.928	0.976	0.912	0.954	0.988	0.944	0.956	0.977	0.954	1
宜宾天原	0.729	0.823	0.878	0.888	0.975	0.874	0.976	0.950	0.887	3
亿利化学	0.819	0.832	0.838	0.859	0.865	0.874	0.916	0.920	0.865	4

资料来源：企业实地调研和上市公司公开的资料。

氯碱化工产业在我国是规模经济，需要有相应管理制度来配套具有一定发展规模的企业。如果没有相应提高企业管理水平而只是盲目地扩大生产规模，那么上升的企业管理成本会抵销企业规模扩张所带来的经济效益。因此，新疆天业的管理水平应该同企业规模相适应。

通过对纯技术效率的分析，在相同产出水平下，先进的生产管理方式能增加资源有效利用的能力，减少生产的投入量。从投入资源方面来分析，新疆天业还需提高资源配置效率，合理配置资源，避免重复建设。

通过分析规模经济效率，我们发现新疆天业的规模经济效率对生态效率有负向影响，因此新疆天业要改变目前规模不经济的现状，最为紧迫的是提高企业规模经济效率。虽然新疆天业目前的循环经济发展水平较高，但还应促进循环经济产业链的优化升级，不断提高产业共生网络链经济增加值，走出一条"低污染、低能耗、低排放"的低碳循环经济发展之路。

通过以上分析结果我们可以发现，如果仅仅从评价生态效率的结果来判断，总体上新疆天业的生态效率并不低，表现出较高的生态化水平，与评价中的四家企业相比优势明显。但从总效率的结果来分析，企业间的效率存在着明显差距，模型分析下多个年份的 DEA 有效性，掩盖了新疆天业与实际生态效率方面的差距。近年来，政府先后出台了一系列推动"节能减排"的政策措施，导致新疆天业纯技术效率下降，虽然此后总体处于上升趋势，但是在一些年度还是出现了下降，说明企业在该年度中管理、资源配置及生产决策中存在着某种程度的失误。

5.8 本章小结

本章对新疆天业生态效率综合水平进行了定量评价。首先，总结和比较了生态效率的评价方法，最终选择 DEA 评价模型对新疆天业生态效率的综合水平进行评价。其次，虽然总体上新疆天业的生态效率并不高，但表现出不断波动上升的趋势；尽管规模效率影响了新疆天业生态效率的提高，但是纯技术效率是促进新疆天业生态效率提高的重要措施；新疆天业生态效率改进分析表明，新疆天业还存在着较严重的投入拥挤和产出不足现象。最后，新疆天业生态效率的评价结果对于企业管理者找出差距、确定企业工作目标、认清企业现状和发展方向具有现实指导意义，同时也对新疆氯碱行业的其他企业具有重要参考价值。本章的研究结果将为地方政府出台提高新疆氯碱化工产业生态效率的政策提供有力实践支撑。

第6章

循环经济模式下的新疆天业生态效率影响因素分析

本书第 4 章已经对新疆天业循环经济产业链展开了深入探讨，第 5 章对新疆天业生态效率进行了评价和分析，得出了技术进步是影响生态效率的重要因素，但是如果仅仅得出生态效率主要受技术进步的影响，而不考虑其他影响因素，那么研究结果是片面和不严谨的。因此，本章进一步地分析除了技术效率、技术进步和规模效率外哪些层面的因素会对新疆天生态效率产生影响或者说这些因素对新疆天业的生态效率产生影响可能会通过哪些中间变量产生的作用，解决这些问题便是本章所要进行的研究。

6.1 研究方法选择

在本研究中可以直接测量有些变量，例如"生态效率"指标，但也有一些变量不能直接进行测量，例如"产业共生系统稳定性"，我们称这种变量为潜变量。在本研究中，我们采取设定一些便于测度的显性指标来表示这些变量，在使用传统的线性回归分析方法来研究潜变量及它们之间的关系时会出现失灵现象，并且传统的线性回归分析方法有很多局限性，主要体现在：一是当被解释变量为两个或两个以上时，传统线性回归分析方法可能会失灵；二是当在自变量之间出现比较严重的多重共线性时，传统线性回归分析方法不能有效解决这个问题；三是当不能直接测度若干个变量时，采用传统线性回归分析方法无法处理那些仅仅定性的变量；四是传统回归分析法在使用过程中不考虑到被解释变量或解释变量的测度误差和这些误差之间的相互关系[①]。

针对上述问题，多元统计分析方法只能解决部分问题，可以采用路径分析法处理被解释变量超过2个或2个以上的情况，但是，这种分析方法存在一个缺陷，它将不同被解释变量分别研究，而没有考虑被解释变量之间的关系。使用偏最小二乘法（PLS）可以处理可能出现在自变量之间的多重共线性问题。对于第三个问题，可以通过指标赋权然后得到综合评价得分的方法来处理。但目前确定指标权重的方法存在很多不足，研究结果往往可信度不高。多元统计分析法无法处理第四个问题。在考虑目前各种研究方法后，结构方程模型法可以解决上述问题。

结构方程模型是在20世纪70年代由卡尔等（Karl et al.）学者在统计学理论的基础上发展而来的，用于解决社会科学研究中的多变量问题。结构方程模型能够对抽象问题进行估计和检验，可以同时估计复杂解释变量/被解释变量预测模型的参数和估计潜在变量。

结构方程模型不需要事先设定严格的限制条件，允许自变量和因变量之间存在测量误差，并利用联立方程组求解。在实际研究中，有些变量是为了特定研究目的而设立的假设概念，这些变量是

---

① 劳可夫. 基于多群组结构方程模型的绿色价值结构研究 [J]. 中国人口·资源与环境, 2012, 22 (7): 78-84.

不能直接测量的，但是我们可以使用一些可观察到的变量间接表现这些潜变量，但是这些间接表现的潜变量可能存在大量的测量误差。自变量测度发生误差会使传统模型参数估计发生偏差，传统的因子分析方法可以间接表现多元潜变量产生的影响，也能处理测度误差，但分析因子之间的相互关系不能处理。与此对比，结构方程模型不但可以处理测量误差，还可分析潜变量之间的关系。和传统的线性回归分析方法不同，结构方程能够同时处理多个解释变量。传统的因子分析方法和结构方程不同，在结构方程中我们能提出一个特定的因子结构，并对它进行检验。经过结构方程模型的多元分析，我们能知道在不同组别内各变量的关系是否保持不变，各因子的均值是否有显著差异。

6.2 结构方程模型

结构方程模型由测量模型和结构模型组成。测量模型中的潜变量包括外源变量和内生变量，其相应的模型如下：

$$x = \Lambda_x \xi + \delta \qquad (6-1)$$

$$y = \Lambda_y \eta + \varepsilon \qquad (6-2)$$

其中，x 表示由外源指标组成的向量；Λ_x 是外源指标在外源潜变量上的因子负荷矩阵，表示外源潜变量与外源指标之间的关系；δ 表示外源指标 x 的误差项。y 表示内生指标组成的向量；Λ_y 是内生指标在内生潜变量上的因子负荷矩阵，表示内生指标与内生潜变量之间的关系；ε 表示内生指标 y 的误差项。

结构模型如下：

$$\eta = B\eta + \Gamma\xi + \zeta \qquad (6-3)$$

其中，η 表示内生潜变量；ξ 表示外源潜变量；Γ 表示外源潜变量对内生潜变量的影响；B 表示内生潜变量之间的关系；ξ 反映了 η 在模型中未能被解释的部分，表示结构模型的残差项①。

6.3 循环经济模式下的新疆天业生态效率影响因素选择

为了检验新疆天业生态效率的一些影响因素，促进新疆天业循环经济良性发展，首先需要建立一个待验证的概念模型。

目前，国内外有很多文献研究生态效率，但大多是基于生态效率的概念来建立评价指标体系。韩玉堂（2009）、闫海清（2011）基于循环经济产业链对生态效率的影响进行了评价分析，把评价指标划分为两类：排放率和重复利用率指标，研究了循环经济产业链的稳定性，从循环经济产业链中的企业、产业共生体、外部影响等三个方面构建了评价指标体系并进行研究②。虽然该研究没有对生态效率和产业共生体的稳定性之间联系进行定量分析，但在研究过程中体现了产业共生体和生态效率之间存在一定的联系。

目前文献对于生态效率和产业共生体稳定性之间的关系研究不够深入。一些研究虽然涉及生态效率和产业共生体但没有对稳定性和生态效率之间存在的内在联系进一步研究。有些文献认为生态效率和产业共生体稳定性之间存在一定联系，但没有进行论证研究③④。本书认为，对于新疆天业而言，提高整个循环经济产业链

---

① 付丽娜. 工业园的生态化转型及生态效率研究 [D]. 长沙：中南大学，2014.
② 韩玉堂. 生态工业园中的生态产业链系统构建研究 [D]. 青岛：中国海洋大学，2009.
③ 李小鹏. 生态工业园产业共生网络稳定性及生态效率评价研究 [D]. 天津：天津大学，2011.
④ 段宁，邓华，武春友. 我国生态工业系统稳定性的结构型因素实证研究 [J]. 环境科学研究，2006，19（2）：57–61.

生态效率的综合水平是最终目的。然而有许多因素影响新疆天业的生态效率，循环经济产业链稳定性仅是其中之一。

本书从新疆天业企业，产业共生体，以及地方政府和生态文化和市场等几个方面来分析研究新疆天业生态效率的影响因素，并同时研究产业共生系统稳定性对新疆天业生态效率所产生的直接影响以及在其他因素对新疆天业生态效率的影响作用中所起的间接影响（如表6-1所示）。具体分析来说，新疆天业内部企业的影响因素是从管理和技术两个层面来体现，产业共生体主要体现产业中核心企业的能力、契约的安排、企业之间文化的融合、企业之间的合作等内容。外部环境和政府主要从市场机制、社会生态文化建设力度与市场对绿色产品需求和政府对于氯碱化工行业发展的利好的政策方面进行讨论。产业链稳定性主要从产业内企业间的合作、产业外主体的合作与产业内企业运行等三个方面来表现。对新疆天业生态效率影响因素的分析从环境成本、经济产出和人文发展等三个方面进行衡量，拓宽了现有文献中仅从环境和经济两个方面进行分析的局限[1][2][3]。

图6-1 生态效率影响因素选择模型

---

[1] 诸大建，朱远. 生态效率与循环经济[J]. 复旦学报（社会科学版），2005(2)：60-66.
[2] 吴金艳. 西部地区生态效率测度及其影响因素研究[J]. 学术论坛，2014(6)：70-75.
[3] 陈作成，龚新蜀. 西部地区产业系统生态效率测评与影响因素分析[J]. 中国科技论坛，2013，10：49-55.

6.4 新疆天业生态效率影响因素研究假设

赵涛等（2011），布林格鲁等（2004）从技术方面分析了影响生态效率和产业链稳定性的若干因素，如果要保证产业链内的企业顺利运行，企业要拥有相应生态化技术作为支撑是关键因素之一，企业如果对现有生产技术进行生态化改造来实现循环经济，那么现有的生产工艺和技术会排斥新技术，这种情况要经历很长一段时间才能消除。要解决这一问题，企业应该具有很强的创新和学习能力。企业只有不断地学习才能不断地更新知识，尽可能减少生态化技术和传统技术之间的磨合期，使企业尽快进入发展循环经济轨道并取得较好的生态和经济效益。格雷戈瑞等（Gregory et al.，2003）也发现企业在发展循环经济时要解决的一个重要的问题就是生态技术和原有技术之间存在的差异性。他研究认为想要解决这个问题企业必须拥有高素质的员工以及全体企业员工对发展循环经济的强烈愿望。魏魏贤等（2010）研究了企业技术进步对减少排放二氧化碳的影响，发现技术进步能够有效地提高资源的使用效率并且能够同时减少各类废弃物的排放，对提升企业生态效率有很大的促进作用。陈晓红等（2013）评价了企业两型化发展的生态效率后认为生态文化和技术进步对于提高企业的生态效率有显著的影响。刘娟等（2009）研究了产业的生态文化建设，发现生态文化建设对于产业发展循环经济非常重要，对促进经济、环境的协调发展有着重要意义。要建设好生态文化就必须通过建设产业和企业两个层面的生态文化来实现。在企业层面要从经营理念、企业形象、产品生产以及管理制度等方面建设生态文化；而在产业层面应该注重信息的

交流、企业间废弃物交换的共生关系形成以及创新氛围的营造等[1]。通过对现有文献的总结并结合本书的研究需要提出以下假设:

H_1:以企业管理者发展循环经济的意识、企业员工参与发展循环经济的意识和劳动素质、企业的学习创新和能力、生态化工业生产技术、企业管理循环经济的流程整体表现为企业层面管理水平的提高对增强循环经济产业链的稳定性有显著的积极影响;

H_2:以企业管理者发展循环经济的意识、企业员工参与发展循环经济的意识和劳动素质、企业的学习创新和能力、生态化工业生产技术、企业管理循环经济的流程整体表现为企业层面管理水平的提高对企业生态效率的提高有显著的积极影响;

H_3:改善企业管理可以增强生态产业链稳定性对提高生态效率有间接作用。

科特等(2003)通过研究发现产业链的多样性是影响生态效率和产业链稳定的关键因素,他们研究认为产业如同自然生态系统,物种数量越多,物种之间物质、能量传递和交换就越复杂,越有利于生态系统稳定。他们认为产业应该增加一些补链企业,这些企业的加入能提高产业内能源、原材料、副产品和废弃物的利用效率。段宁等(2006)研究了循环经济产业链中的核心企业,经过研究他们发现产业链对于产业的发展非常关键,而要形成产业链就必须拥有较强综合竞争力的核心企业,他们研究发现产业内的核心企业在生产过程中产生大量的物质和能源交换,这产生了较大的影响对其他非核心企业,核心企业的发展影响到整个产业链的竞争优势和发展。海基拉等(Heikkila et al., 2010)探讨了产业链的风险管理问题,他们研究认为许多不确定的因素都会影响产业链的稳定性,比

---

[1] 刘娟,谢家平. 企业群落生态文化研究[J]. 科技进步与对策,2009,26(20):70-73.

如，企业间的技术创新风险、企业间的信息不对称、企业间的契约不完备都会对产业链的生态和经济效益产生影响。徐本鑫（2011）研究发现低碳技术是影响企业生态效率的重要因素，企业应加大开发低碳新技术的投入，加强产、学、研、合作突破低碳关键技术。因此，我们在总结国内外相关研究的基础上，结合本书的研究特点提出了如下假设：

H_4：开发产业关键共生技术、核心企业的数量和能力、企业间契约安排、企业间距离、产业链多样性和企业间文化融合等综合表现为改善产业内企业共生条件对提高产业链稳定性有显著的积极影响；

H_5：开发产业关键共生技术、核心企业的数量和能力、企业间契约安排、企业间距离、产业链多样性和企业间文化融合等综合表现为改善产业内企业共生条件对提高产业生态效率有显著的积极影响；

H_6：改善产业内企业共生条件可以增强生态产业链的稳定性对提高产业生态效率有间接影响。

霍莉等（Holly et al., 2002）通过研究生态工业网络发现企业间要进行能源、物质、副产品和废弃物的交换，副产品和废弃物的信息应当在产业内的企业间共享，否则废物质的利用效率会受到很大影响，他们认为产业应当建立一个完善的网络信息系统作为支撑。保利娜等（Pauline et al., 2003）研究发现地方政府对企业的环境监管起关键作用，当发现某种物质对环境有很强的污染，地方政府会在整个产业层面禁止该物质的循环利用，这可能会对产业内的企业造成严重影响，并最终可能影响产业内企业共生关系的稳定性及经济和生态效益的提高。G. 齐拉希等（G. Zilahy et al., 2004）研究发现政府对企业发展循环经济所投入的财政资金支持是非常重要的，尤其是企业在循环经济起步阶段需要投入大量资金来引进生态化生产技术，政府的财政资金支持是促使企业步入工业生态化发展的重要因素。陈金山等（2010）认为地方政府应当克服市场机制的盲目性，对产业链和产业共生网络进行总体设计，他们研究认为地方政府应该引导社会资金支持基础设施建设，比如搭建技术创新服务平台和信息管理平台，政府行为既能促使产业内企业共生关系的稳定又能促进产业经济和生态绩效的提高。臧漫丹等（2006）研究循环经济时发现提高生态效率是实现循环经济的重要手段，政策是企业顺利发展循环经济开展的重要保障。他们根据工业生产流程认为应当从原材料的输入端、产品的中间生产过程、产品输出端来制定产业政策。他们研究认为投入的减量化应当在原材料的输入端；在中间过程要实现循环利用原料和能量；要在输出端减少排放废弃物等，例如加重收费对超标排污。他们研究认为各级政府通过这些政策的制定能够在社会各个层面实施推动发展循环经济，这对提高企业的生态效率是有益的。赵书新（2011）和李海东等（2012）研究国家环境政策对企业发展循环经济的影响时发现，企业对节能减排没有太大的动力，究其原因是环境具有外部性，仅靠市场机制不能充分调动企业节能减排的动力。政府应当采取适当的激励和处罚政策，将外部性内部化从而达到推动企业开展节能减排。为了检验地方政府管理的改善对生态效率和产业链稳定性的影响，我们在总结国内外相关研究的基础上，结合本书的研究特点提出了如下假设：

H_7：地方政府提供的硬件基础设施、地方政府搭建信息网络平台的完善程度、地方政府环境监管体系的完善程度、地方政府设立的技术咨询和投融资等中介服务部门的完善程度等综合体现为改善地方政府管理对增强产业链稳定性有显著的积极影响；

H_8：地方政府提供的硬件基础设施、地方政府建立信息网络平台的完善程度、地方政府环境监管体系的完善程度、地方政府设立的技术咨询和投融资等中介服务部门的完善程度等综合体现为改善地方政府管理对提升产业生态效率有显著的积极影响；

H_9：政府对产业循环经济发展的资金支持、政府税收和财政资金的支持、政府环保法规体系的完善与执行力度、政府环保部门对产业管理方环保目标的考核等综合体现为改善政府管理对增强产业链稳定性有显著的积极影响；

H_{10}：政府对产业循环经济发展的资金支持、政府税收和财政资金的支持、政府环保法规体系的完善与执行力度、政府环保部门对产业管理方环保目标的考核等综合体现为改善政府管理对提升产业生态效率有显著的积极影响；

H_{11}：改善地方政府管理可以增强产业链稳定性对提高产业生态效率有间接作用。

段宁等（2006）从市场的角度研究了企业原料和产品价格变动以及消费者对产品的需求变化对产业链稳定性的影响。他们研究发现，如果市场上原材料价格上升，但产品价格却不能随之提高，就会减少企业的利润，企业就可能会缩减生产规模，从而减少企业废弃物和副产品的循环，对产业链稳定性产生影响。另外，如果消费者对产品需求发生变化，企业为了适应市场变化而改变产品的流程和工艺，同样也会影响产业链稳定性。洛伊等（2005）从内部市场的角度研究一家企业利用另一家企业所产生的副产品和废弃物时发现产业内企业之间形成产业共生的关系，若下游企业的生产出现波动，那么上游企业在产业内的市场将受到影响，内部市场稳定对产业的经济产出和环境绩效有很大影响。孟昌等（2011）研究资源价格和企业转变发展方式时发现在资源能源价格持续上涨的背景下企业为了生产成本的降低通常会采用生态化生产技术或较先进的生产技术以节约资源，他们认为资源价格是影响企业低碳转型发展的重要因素。刘泾等（2010）对区域经济发展和生态文明之间的关系进行了研究，他们认为全社会应当加强生态文明建设，培育生态文化，在发展经济的同时注重保护环境，实现经济和生态的协调发展。结合国内外已有研究成果，由此提出以下假设：

H_{12}：市场机制有效性和市场导向、社会生态文化建设、社会对绿色消费产品的需求等综合表现为生态文化和市场因素的改善对产业链稳定有显著的积极影响；

H_{13}：市场机制有效性和市场导向、社会生态文化建设、社会对绿色消费产品的需求等综合表现为生态文化和市场因素的改善对提高产业生态效率有显著的积极影响；

H_{14}：建设企业生态文化和市场扩大对绿色产品的消费可以增强生态产业链稳定性对提高产业生态效率有间接作用。

商华（2012）研究了生态效率和工业生态系统稳定性之间关系，他从调节度、循环度和优势度三个层面构建了生态系统稳定性评价指标体系。在优势度层面他设立了全员劳动生产率、人均GDP、GDP增长率等指标，在循环度层面他设立了人均固体废弃物排放量、副产品使用率和中水回收利用率等指标，从指标设立可以看出生态效率和产业链稳定性之间存在联系。爱德华等（Edward et al.，2008）对循环经济的研究发现如果产业内企业间的副产品和废弃物交换过程中出现了问题，将会对整个产业链的稳定造成影响，这种影响可能会扩散到整个产业，将会影响整个产业的经济效益和环境绩效。为了验证产业链稳定性对提高产业生态效率影响，我们在总结国内外相关研究的基础上，结合本书的研究特点提出了如下假设：

H_{15}：增强产业链稳定性对提高产业生态效率有显著的积极影响。

以上提出的假设体现了本研究所提出的企业、产业共生体、地方政府管理以及社会生态文化建设与市场对绿色产品需求等几个层面因素对生态效率的影响及其和循环经济产业链稳定性之间的假设关系，这些假设有待后续的实证检验。

6.5 新疆天业生态效率影响因素调查问卷

6.5.1 新疆天业生态效率影响因素调查问卷设计

在实证研究过程中设计调查问卷是重要环节，它关系到数据收集的质量，从而对本研究实证结果的客观性、合理性产生很大的影响[1]。本书设计的问卷调查是根据已建立的概念模型和研究假设集。问卷包括"个人或企业信息""新疆天业生态效率状况""新疆天业生态效率影响因素评价"等几方面内容，相应的调查问卷表见附录。

在"新疆天业生态效率影响因素评价"中包括有25项，每一个可观测变量对应一个项目，用来体现生态产业链稳定性、生态文化与市场、企业、产业共生体以及地方政府等5项不能直接测量的潜变量。

具体的来说，产业内企业因素有3项可观测变量（企业管理者发展循环经济的意识、生态化工业生产技术、企业员工参与循环经济发展的意识和劳动者素质、企业循环经济管理流程、企业的学习和创新能力）。产业共生体因素有6项可观测变量（核心企业的数量和能力、关键产业共生技术的开发、企业间契约安排、企业间距离、产业链多样性、企业间文化融合）。地方政府管理因素有4项可观测变量（地方政府提供的硬件基础设施、地方政府搭建信息网

---

[1] Lowitt. A quantitative assessment of economic and environmental aspect [J]. Journal of Industrial Ecology, 2006, 10: 239-255.

络平台的完善程度、地方政府设立的技术咨询和投融资等中介服务部门的完善程度、政府对产业循环经济发展的资金支持；地方政府环境监管体系的完善程度；政府税收和财政资金的支持、政府环保法规体系的完善与执行力度；政府环保部门对产业管理方环保目标的考核）。社会生态文化与市场对绿色产品的需求层面有 3 项可观测变量（市场机制有效性和市场导向、社会生态文化建设的力度、社会对绿色消费产品的需求）。产业链稳定性有 4 项可观测变量（产业内企业间的合作，企业内部原料和资源供需平衡，产业内各企业与产业外公共关系的协调，产业信息支撑和管理服务）。产业生态效率包括 5 项，用来表示不能直接测量的潜变量，这 5 项为可观测变量（产业经济增长情况、产业原料和资源消耗情况，水、废弃物和副产品循环利用情况、企业人文发展状况、"三废"排放控制情况）（如表 6-1 所示）。

表 6-1　　　　新疆天业潜变量及其观测变量设置说明

潜在变量	观测变量	代号
企业内部因素	企业管理者发展循环经济的意识企业员工参与循环经济发展的意识和劳动者素质	q_1
	生态化工业生产技术企业的学习和创新能力	q_2
	企业循环经济管理流程	q_3
产业共生影响因素	核心企业的数量和能力	C_1
	关键产业共生技术的开发	C_2
	企业间契约安排	C_3
	企业间距离	C_4
	产业链多样性	C_5
	企业间文化融合	C_6

续表

潜在变量	观测变量	代号
地方政府影响因素	地方政府提供的硬件基础设施、地方政府搭建信息网络平台的完善程度、地方政府设立的技术咨询和投融资等中介服务部门的完善程度、政府对产业循环经济发展的资金支持；地方政府环境监管体系的完善程度；政府税收和财政资金的支持、政府环保法规体系的完善与执行力度；政府环保部门对产业管理方环保目标的考核	Z_1 Z_2 Z_3 Z_4
生态文化和市场	市场机制有效性和市场导向	S_1
	社会生态文化建设的力度	S_2
	社会对绿色消费产品的需求	S_3
产业链系统的稳定性	产业内企业间的合作	X_1
	企业内部原料和资源供需平衡	X_2
	产业内各企业与产业外公共关系的协调	X_3
	产业信息支撑和管理服务	X_4
产业生态效率	产业经济增长情况	E_1
	产业原料和资源消耗情况	E_2
	水、废弃物和副产品循环利用情况	E_3
	"三废"排放控制情况	E_4
	企业人文发展状况	E_5

6.5.2 新疆天业生态效率影响因素调查问卷样本统计描述

本书对新疆天业生态效率影响因素的问卷调查与前述章节中的企业调研是同步进行，发放调查问卷300份。被调查人员方涵盖了新疆天业核心企业（化工厂、电厂和电石厂）及产业共生体中的辅助性企业（番茄酱厂、石灰石矿、天业节水公司、水泥厂和粉煤灰）的管理人员、工程技术人员。同时也向新疆天业集团公司技术中心、工程中心的技术骨干和项目负责人、当地生态环境评价机构负责人发放了调查问卷，经过三个多月的辛勤工作我们总共收回问卷调查表285份，排除了一些无效问卷，并且对这些收回的调查问卷进行了细致认真的检查，最后我们获得有效的调查问卷表为276份，回收有效率为92%。

调查问卷中关于新疆天业生态效率影响因素项目有20个，要求被调查者结合新疆天业的实际情况和自身对循环经济的认识选择"1-7"个等级中的某一分值进行评价。在整理有效的调查问卷之后，有276位调查者对每个项目进行了评价，最后获得20个项目的平均值，进而得到每个项目的标准差。如表6-2所示，各个项目的平均值在3.685~4.873（满分为7分），总的来说这些因素的表现并不理想，这和目前新疆天业循环经济的发展情况相符。

表6-2　　　　　　新疆天业生态效率影响因素说明

类别	项目详细说明	样本容量（份）	平均值	标准差
企业	企业自身的社会责任感很强，意识到循环经济对社会发展的意义，企业员工能积极参与企业的循环经济活动，充分认同和理解循环经济的内涵	276	4.039	0.897
	企业在废弃物再利用技术、节能技术方面具有很强的创新能力，能够满足清洁生产的需要	276	4.753	0.981
	企业内部有浓厚的学习氛围和良好的学习能力，这种氛围和能力对企业技术创新有积极的影响作用	276	4.873	0.917
	企业健全的人力资源制度、完善的财务管理流程、不断的技术创新、严格的产品生产、销售能够保障企业顺利的从事生产运营活动	276	4.091	1.032

续表

类别	项目详细说明	样本容量（份）	平均值	标准差
企业间共生产业链	产业共生体内有数量充分的核心企业、并且规模经济效应显著，这些核心企业对整个新疆天业氯碱化工产业具有很强的辐射和带动作用	276	4.157	0.919
	新疆天业氯碱化工产业共生体具有先进的生产技术和很强的创新能力，能够满足产业共生体所需的各项关键技术	276	4.096	0.951
	新疆天业科学的规划了产业的空间布局，在企业间的空间距离合理，企业间的生产合作不会因为物理距离而受到妨碍	276	3.905	1.011
	共生产业链内各企业间在物料、能源、废弃物和副产品的循环利用方面，其合作契约安排合理、有力地促进了企业间合作	276	4.088	0.951
	新疆天业循环经济产业链内内各企业具备了良好的互信机制，企业文化相互渗透和影响	276	4.292	0.901
	虽然新疆天业有数量较多的共生产业链条，但如果能够引进相应数量的"补链"，形成了产业共生网络链，这对于新疆天业的发展是非常有利的	276	4.201	0.871
地方政府管理	政府在产业发展初期能给予新疆天业的直接资助，并积极协助企业解决资金难题	276	4.201	1.119
	政府对新疆天业氯碱化工产业税收优惠，尤其是对新疆天业从事关键性生态技术研发给予经济支持	276	4.199	0.951
	政府对于新疆天业环保目标考核体系，有力地激励了新疆天业全力推动循环经济建设	276	4.372	0.921
	地方政府结合本区域的环境特点不断完善环境保护政策，并且在实践中始终贯彻执行	276	4.501	1.111

续表

类别	项目详细说明	样本容量（份）	平均值	标准差
生态文化和市场	市场机制能合理配置各类资源，发挥其效能，可以促进企业循环经济的发展，降低企业的成本	276	4.031	0.952
	附近居民有一定的环境保护意识，认同各类绿色生态产品，并对其有消费需求	276	3.801	0.873
	社会积极倡导建设生态文明，这种宣传对新疆天业发展循环经济产生了积极影响	276	3.803	1.103
产业链稳定性	新疆天业内部资源和能源供需平衡，生产经营过程顺畅有序	276	3.685	0.957
	新疆天业产业链内企业间合作良好，相互间生产技术相互匹配，产业共生网络链能持续完善	276	3.903	1.035
	新疆天业能够为产业链内企业提供管理服务和信息支撑	276	3.743	1.099
	新疆天业产业链内各企业和社会公共关系融洽，能及时有效的协调和地方政府的关系	276	3.804	0.843

调查问卷中关于新疆天业生态效率现状的问题有5个，评价方法同上。如表6-3所示，全部问题的平均值处在3.869~4.071，这个结果表明新疆天业生态效率水平整体偏低。

表6-3　　　　　新疆天业生态效率现状说明

代码	项目说明	样本容量	平均值	标准差
E_1	新疆天业在发展循环经济方面取得了较好经济和社会效益显著，工业增加值和经济总量连年递增	276	3.853	0.889

续表

代码	项目说明	样本容量	平均值	标准差
E_2	新疆天业循环经济运行过程中消耗的资源、能源量在合理范围内，并且资源能源的消耗逐年减少，没有对给产出造成影响	276	3.891	0.972
E_3	新疆天业循环经济在运行过程中产生的废弃物和副产品能够在产业链内实现循环再利用	276	3.867	0.809
E_4	新疆天业循环经济运行过程中产生的废气、废水、废弃物（工业固废、粉尘等）的排放量逐年减少，并且在排放前实施了净化处理	276	4.071	0.852
E_5	新疆天业通过循环经济的发展，提高了本企业员工及周围社区居民的生态意识，促进了社会生态文明的进步，促进了生态社会人文的发展	276	3.869	0.892

6.5.3 新疆天业生态效率问卷调查样本检验

通过调查问卷取得相应数据之后要对其进行信度和效度检验。信度与效度检验涉及后面实证研究结果的可靠性。

1. 信度检验

信度检验就是对测量结果的稳定性或一致性进行分析判断[1]。由于本研究对被调查对象没有进行不同时间点上的重复调查，所以不涉及稳定性检验，我们对测量结果只进行一致性检验。在本书中，我们采用Cronbach'α系数和折半信度系数作为测量指标，来检验测量结果内部的一致性。α系数有一个临界值条件，通常情况下α系数超过或等于0.7时，相应地被检验变量才能达到信度检验要求。折半信度系数通常要大于0.5，如表6-4所示。

---

[1] 王济川，王小倩. 结构方程模型：方法与应用 [M]. 北京：高等教育出版社，2011.

新疆天业内的各个企业、产业共生体、地方政府管理、生态文化与市场、共生产业链的稳定性以及生态效率等这几个潜变量经过信度检验后,所得到的 α 系数值都超过了 0.7;同时所有折半信度系数都大于 0.5。因而,我们可以认定符合信度检验的要求。

表 6-4　　　　　　　　检测潜变量的信度系数

潜变量	Cronbach'α 系数值	折半信度系数
企业内部因素	0.741	0.767
产业共生因素	0.775	0.780
地方政府管理因素	0.805	0.832
生态文化和市场	0.754	0.791
产业共生系统稳定性	0.774	0.754
生态效率	0.812	0.879

资料来源:企业实地调研。

2. 效度检验

效度检验是指测量的有效性程度,即测量工具确能测出其所要测量特质的程度,或者简单地说是指一个检验的有用性、准确性。效度是指所测量到的结果反映所想要考察内容的程度,测量结果与要考察的内容越吻合,则效度越高;反之,则效度越低。具体又可分为内容效度检验、效标效度检验以及结构效度检验和三种,结合本研究实际情况只进行结构效度检验。我们查阅和借鉴了大量国内外相关研究成果设计了本书的问卷题项,为了保证调查数据的科学严谨,我们使用了验证性因子分析法(CFA)对可观测变量进行了效度检验。从而得到了 25 个可观测变量的因子载荷因子系数,均在 0.5 以上如表 6-5 所示。因此可以认定所设置的观测变量满足结构效度检验要求[①]。

[①] 一般地认为,因子载荷达到 0.5 或以上就表明相应变量通过了结构效度检验。

表 6-5　　　　　　　　　载荷因子系数

变量	载荷因子	变量	载荷因子	变量	载荷因子
q_1	0.621	X_3	0.623	Z_1	0.753
q_2	0.709	X_4	0.707	Z_2	0.774
q_3	0.689	S_1	0.721	Z_3	0.904
C_1	0.779	S_2	0.796	Z_4	0.686
C_2	0.824	S_3	0.759		
C_3	0.771	E_1	0.749		
C_4	0.682	E_2	0.751		
C_5	0.740	E_3	0.842		
C_6	0.712	E_4	0.653		
X_1	0.589	E_5	0.791		
X_2	0.711				

资料来源：企业实地调研。

6.6　新疆天业生态效率影响因素分析模型

6.6.1　新疆天业生态效率影响因素分析模型构建

本研究所构建初始模型的目的之一就是要指定初始模型所需要涉及的所有潜变量，预先假设各个潜变量之间的作用关系，并进一步检验这种路径之间的作用关系。本研究包括6个潜变量：企业、产业共生体、地方政府管理、社会生态文化和市场、产业共生系统稳定性以及生态效率。

在这 6 个潜变量中，我们预先假设：新疆天业内部影响因素、产业共生影响因素、地方政府管理因素、生态文化和市场等因素对产业链共生系统稳定性和生态效率存在一定程度的影响，并且产业链共生系统的稳定性对生态效率也有一定程度的影响。这些潜变量及其之间的路径关系便组成了初始模型中的结构模型部分（如图 6-2 所示）。

本研究所构建初始模型的另外一个目的就是为了确定测度模型，即预先假设每个潜变量与其所属的可观测变量之间的相互关系，本书包括 25 个可观测变量。

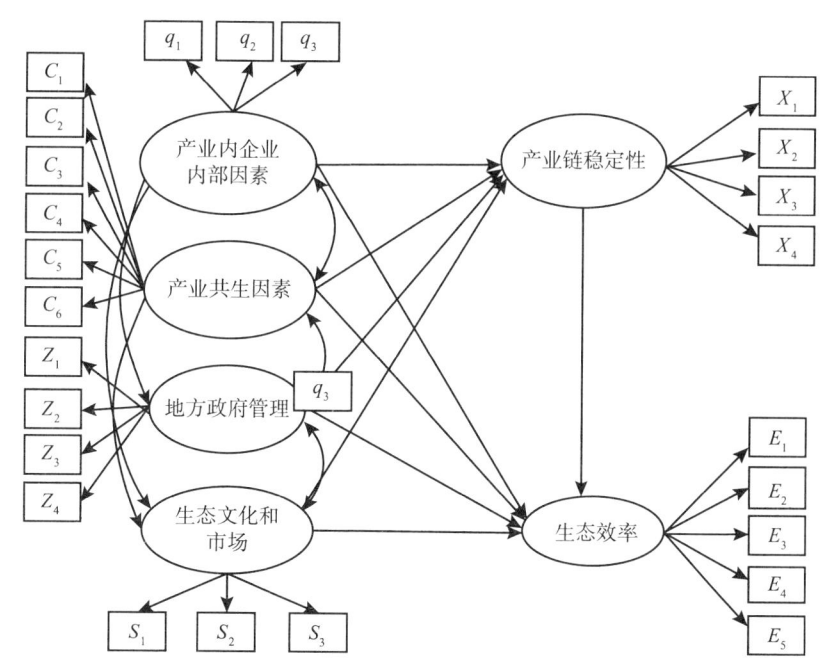

图 6-2　各种因素对新疆天业生态效率影响初始模型

资料来源：企业实地调研。

6.6.2 新疆天业生态效率影响因素分析模型检验

通过整理收集的数据、检验信度与效度以及确立初始模型后，对模型使用Amos7.0软件进行估计。模型的估计结果包括潜变量之间路径系数的估计值及其相应显著性水平；潜变量与可观测变量之间载荷系数的估计值及其相应显著性水平。另外，还可以获得测量模型整体拟合质量的相关指标值，这些指标可用于测量相关数据和理论模型之间的匹配程度。但还不能立即接受通过Amos7.0软件得出的估计结果，还需对其进行质量检验。

1. 整体拟合优度检验

整体拟合优度检验就是评估模型估计结果的质量，所依据的理论基础是如果相关数据和理论模型之间的适配性很好，那么理论方差协方差矩阵与样本方差协方差矩阵之间的差别就应该很小，并且越小越好。在实践应用中通常使用统计指标来表现模型整体拟合的质量，其具体指标体系构成如表6-6所示[①]。

表6-6　　　　初始模型的拟合优度指数及检验结果

统计检验量	实际拟合值	检验标准	结果
绝对指数			
X^2/df	4.293	<5.0	合格
GFI	0.912	>0.90	合格
RMR	0.046	<0.05	合格

---

① NFI指标应大于0.9，且越趋向1越好；TLI指标应大于0.9，且越趋向1越好；CFI指标应大于0.9，且越趋向1越好；SRMR指标应小于0.05且越小越好；RMR指标应小于0.05且越小越好；RMSEA指标应小于0.05，且越小越好；GFI指标应大于0.9；x^2/df指数应小于5。

续表

统计检验量	实际拟合值	检验标准	结果
RMSEA	0.073	<0.05	待改善
SRMR	0.047	<0.05	合格
相对指数			
NFI	0.912	>0.90	合格
CFI	0.908	>0.90	合格
TLI	0.907	>0.90	合格

注：GFI 代表拟合优度指数；RMR 代表均方根残余指数；RMSEA 代表近似误差均方根；AGFI 代表调整拟合优度；NFI 代表规范拟合指数；CFI 代表比较拟合指数；IFI 代表增量拟合指数；TLI 代表塔克—刘易斯指数．

资料来源：企业实地调研。

2. 路径系数的显著性检验

在对初始模型的整体拟合优度进行检验之后，我们从统计学角度检验潜变量之间的路径系数显著性及合理性，还检验了潜变量与可观测变量之间的负荷系数的显著性及合理性[①]。我们通过 Amos7.0 软件得到了本研究关于潜变量与可观测变量之间、潜变量之间的负荷系数和路径系数估计值及相应的显著性水平，如表 6 – 7 所示。

表 6 – 7　初始模型的路径系数估计值及其显著性检验

结构方程模型路径	标准化路径	C.R. 值	P 值
企业内部管理改善→新疆天业生态效率	0.387	3.705	***
产业共生体运行改善→新疆天业生态效率	0.375	4.502	***
地方政府管理行为改善→新疆天业生态效率	0.309	3.647	***

---

① 李洪伟，王炳成，陶敏. 大学生诚信的影响因素分析：基于结构方程模型的实证 [J]. 管理评论，2012，24（8）：170 – 176.

续表

结构方程模型路径	标准化路径	C.R. 值	P 值
生态文化与市场因素改善→新疆天业生态效率	0.309	3.434	0.095
企业内部管理改善→产业共生系统稳定性	0.187	4.092	***
产业共生系统运行改善→新疆天业共生系统稳定性	0.227	1.523	0.085
地方政府管理行为改善→新疆天业共生系统稳定性	0.457	4.709	***
生态文化与市场因素改善→新疆天业共生体系统稳定性	0.365	2.074	0.032
产业共生系统的稳定性→新疆天业生态效率	0.305	2.019	0.037
新疆天业清洁生产技术与管理改善→q_1	0.283	—	—
新疆天业清洁生产技术与管理改善→q_2	0.165	8.343	***
新疆天业清洁生产技术与管理改善→q_3	0.512	5.712	***
新疆天业循环经济共生系统的改进→C_1	0.298	—	—
新疆天业循环经济共生系统的改进→C_2	0.335	9.014	***
新疆天业循环经济共生系统的改进→C_3	0.196	3.854	***
新疆天业循环经济共生系统的改进→C_4	0.595	9.317	***
新疆天业循环经济共生系统的改进→C_5	0.365	1.743	0.039
新疆天业循环经济共生系统的改进→C_6	0.493	13.081	***
地方政府管理行为改进→Z_1	0.297	—	—
地方政府管理行为改进→Z_2	0.317	7.215	***
地方政府管理行为改进→Z_3	0.382	11.713	***
地方政府管理行为改进→Z_4	0.358	11.407	***
生态文化与市场因素改善→S_1	0.398	—	—
生态文化与市场因素改善→S_2	0.143	8.108	***
生态文化与市场因素改善→S_3	0.132	1.391	0.138
新疆天业循环经济系统的稳定性→X_1	0.361	—	—
新疆天业循环经济系统的稳定性→X_2	0.338	7.854	***

续表

结构方程模型路径	标准化路径	C.R. 值	P 值
新疆天业循环经济系统的稳定性→X_3	0.291	9.943	***
新疆天业循环经济系统的稳定性→X_4	0.378	11.342	***
新疆天业生态效率→E_1	0.323	—	—
新疆天业生态效率→E_2	0.398	10.194	***
新疆天业生态效率→E_3	0.385	7.519	***
新疆天业生态效率→E_4	0.393	1.239	0.054
新疆天业生态效率→E_5	0.097	1.451	0.081

注：*** 表示在 0.01 的水平上显著。
资料来源：企业实地调研。

从表 6-7 可以看出，在估计及检验路径系数方面，"产业共生系统运行改善→新疆天业共生系统稳定性"在 1% 和 5% 的水平下路径系数的标准化估计值并不显著，但在 10% 的水平下还是显著的；外部环境中的社会生态文化与市场因素对新疆天业生态效率的影响作用无论是显著性水平还是影响强度都不理想，"生态文化与市场因素改善→新疆天业生态效率"在 1% 和 5% 的水平下路径系数的标准化估计值并不显著，仅在 10% 的水平上显著。

在估计及检验负荷系数方面，"新疆天业生态效率→人文发展指数（E_5）"需要重点关注，其负荷系数不大并在 0.1 的水平通过显著性检验。现在许多研究认为在生态效率的研究中除了要考虑经济产出与环境成本这两个维度以外，还应当在生态效率评价中加入人文发展指数，从而构成三维结构对生态效率进行评价。本研究认为，应该对生态效率的研究维度进行拓展，但在使用生态效率作为管理工具来测度某一实体的可持续发展表现时也应当结合研究对象的不同发展阶段。

研究发现，新疆天业循环经济发展程度并不高。当然，随着新疆天业循环经济建设的不断发展，在生态效率评价中加入生态文化发展指数来对企业发展循环经济进行考察与管理是十分重要的。

需要特别说明的，"社会生态文化与市场→社会生态文化建设力度（S_3）"在10%的显著性水平下的负荷系数不显著，这个实证的结果并不能证明社会生态文化建设对于新疆天业循环经济的发展影响不大，反而从反面验证了现在的社会生态文明建设还有很大的发展空间。如果每个社会成员生态意识都深入人心，那么社会生态文化的氛围对于促进企业外部市场的形成和发展将起到积极的作用。但是，在实践中并非如此，我国政府近年来不断强调要加强社会生态文明的建设力度，促进资源、人、经济和社会的和谐发展。然而，一些地方政府并没有抛弃掉"GDP崇拜"的观念。但是，根据检验结果，本书在实际操作中还是将测量指标体系中的"社会生态文化建设力度"指标删掉，再使用Amos7.0软件对模型进行重新估计和检验。

6.6.3 调整后的新疆天业生态效率影响因素分析模型检验

鉴于删除了"社会生态文化建设力度"指标，我们需要重新对模型进行估计和检验，具体过程同上。如表6-8所示可以看出，修正后的指标值与初始指标值相比都有所提高，其中提高最为显著的是RMSEA指标值，从0.073减小为0.037，达到较好的状态。

表6-8　　　　　初始模型的拟合优度指数及检验结果

统计检验量	初始检验值	最终检验值	检验标准	结果
绝对指数				
X^2/df	4.293	4.127	<5.0	有提高
GFI	0.912	0.926	>0.90	有提高
RMR	0.046	0.033	<0.05	有提高
RMSEA	0.073	0.037	<0.05	提高显著
SRMR	0.047	0.039	<0.05	有提高
相对指数				
NFI	0.912	0.924	>0.90	有提高
CFI	0.908	0.911	>0.90	有提高
TLI	0.907	0.913	>0.90	有提高

资料来源：企业实地调研。

潜变量之间的效应分为直接效应和间接效应。如果原因变量对结果变量有直接影响，则前者对后者有直接效应；如果原因变量要通过中介变量才能对结果变量产生作用，则原因变量对结果变量有间接效应，那么直接效应与间接效应之和等于原因变量相对于结果变量的总效应，如表6-9所示。

表6-9　　　　潜变量之间的总效应、直接效应和间接效应

结构方程模型路径分析	直接效应（A）	间接效应（B）	总效应（A+B）
企业管理水平改善→新疆天业生态效率	0.321	0.187×0.304=0.060	0.378
企业管理水平改善→新疆天业共生产业链稳定性	0.187	0.000	0.187

续表

结构方程模型路径分析	直接效应（A）	间接效应（B）	总效应（A+B）
产业共生体运行改善→新疆天业生态效率	0.221	0.216×0.304=0.079	0.287
产业共生体运行改进→新疆天业共生系统产业链稳定性	0.216	0.000	0.216
地方政府管理行为改进→新疆天业生态效率	0.302	0.338×0.304=0.147	0.405
地方政府管理行为改进→新疆天业共生产业链稳定性	0.338	0.000	0.338
社会生态文化改善和市场对绿色产品需求→新疆天业生态效率	0.127	0.316×0.304=0.110	0.223
社会生态文化改善和市场对绿色产品需求→新疆天业企业间共生系统稳定性	0.316	0.000	0.316
产业共生系统稳定性→新疆天业生态效率	0.304	0.000	0.304

6.6.4 新疆天业生态效率影响因素待验假设检验

通过以上研究，我们发现"企业管理水平提高→新疆天业循环经济共生系统稳定性"的标准化路径系数为0.187，在0.01的水平上显著，说明该路径系数与0有显著差异，表明当新疆天业内部各个企业的管理水平提高1个单位时，将会促进产业共生系统的稳定性提高0.187个单位。同理，也可以得到对其他先前假设支持与否结论（如图6-3所示）。

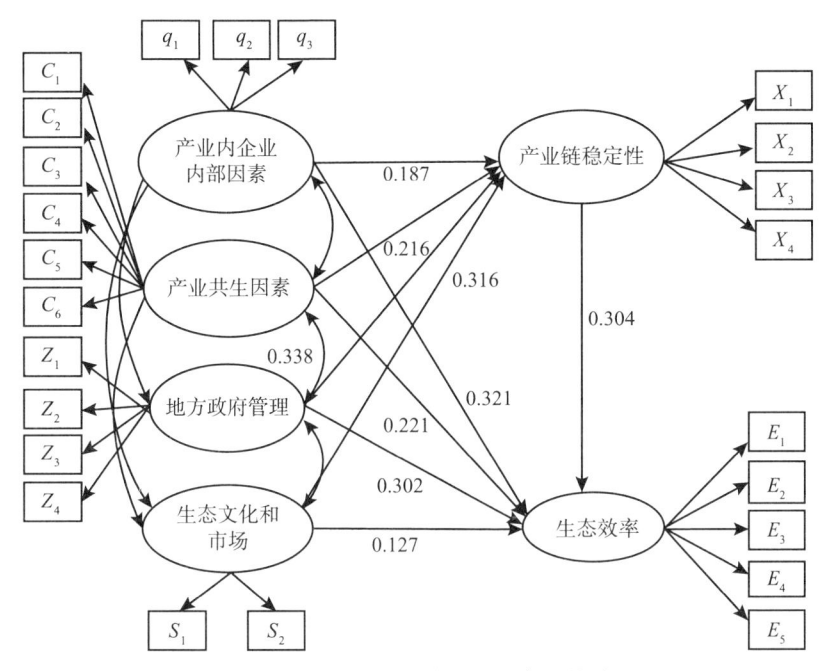

图 6-3 最终模型的路径及参数估计

资料来源：企业实地调研。

表 6-10　　　　　　　　　对研究假设的验证结果

假设	结构方程模型路径	标准化路径系数	C.R.值	P值	结果
H_1	新疆天业内部企业管理改善→提高产业共生系统稳定性	0.187	4.127	***	支持
H_2	新疆天业内部企业管理改善→提高新疆天业生态效率	0.321	4.451	***	支持
H_4	产业共生系统运行改善→提高新疆天业共生系统稳定性	0.216	1.369	0.091	支持
H_5	产业共生系统运行改进→新疆天业生态效率	0.221	3.354	***	支持

续表

假设	结构方程模型路径	标准化路径系数	C.R.值	P值	结果
H_7	地方政府管理改进→新疆天业产业共生系统稳定性	0.338	3.853	***	支持
H_8	地方政府管理改进→新疆天业生态效率	0.302	1.598	0.079	支持
H_{11}	新疆天业产业共生系统稳定性→文化与市场改善	0.127	2.091	0.033	支持
H_{12}	新疆天业产业共生系统生态效率—市场与文化改善	0.316	1.531	0.092	支持
H_{14}	新疆天业产业共生系统生态效率—产业共生系统稳定性	0.304	2.011	0.041	支持

资料来源：企业实地调研。

为了进一步检验中介变量—产业共生系统稳定性在企业、产业共生系统、地方政府及社会生态文化与市场对新疆天业生态效率影响的间接效应，需要对比分析直接效应和间接效应。

如果一个原因变量相对于结果变量产生的直接影响强度大于这个原因变量相对于中介变量产生的间接影响强度，那么就可以认为中介变量只产生部分中介效应。比如"地方政府管理行为改善→提高新疆天业生态效率"路径中地方政府管理行为的改善为提高新疆天业生态效率产生的影响力为0.302，通过了显著性检验；而地方政府管理行为通过产业共生系统稳定性对新疆天业生态效率产生的间接作用力为0.147，直接效应远大于间接效应，那么就可以认为产业共生系统稳定性在地方政府行为改善对生态效率提升的影响中产生了部分中介效应，从而对假设10是部分支持。如表6-10所示。

6.7 新疆天业生态效率影响因素分析

通过对国内外相关研究并结合本书的研究目的建立了各种因素对新疆天业生态效率的影响模型，并提出了一些理论假设，在使用调查问卷方式收集并整理数据的基础上，对全部假设使用结构方程模型进行了检验。对结果分析表明，预先设定的理论假设基本上都得到了验证。

首先，从结构模型的路径系数估计结果来看，新疆天业的管理水平、产业链共生系统、地方政府管理、社会生态文化与市场对绿色产品需求等几个因素对新疆天业生态效率提高具有不同程度的积极作用。从影响的强度上考察，企业管理水平、产业共生系统这两个因素的影响最为显著。企业以及共生产业链是新疆天业循环经济系统中最为关键的主体，特别是其中的核心企业对于循环经济系统中物质、能源、废弃物和副产品的循环利用和资源化发挥着关键性的作用[1]。外部影响因素中的生态文化与市场对新疆天业生态效率的作用无论是强度还是显著性水平都不理想，在1%和5%的水平下并不显著，仅在10%的水平上显著。这是由于我国资源能源的定价价格机制不完善，不能反映资源的稀缺性；并且社会各阶层的生态意识并不强，对绿色产品的需求并没有形成真正的规模，大多数消费者对生态产品并不理解所造成的。

其次，从结构模型的路径系数估计结果来看，新疆天业的技术与管理因素、产业共生系统、地方政府管理、社会生态文化与市场

---

[1] 马冰. 生态工业园区建设中的政府角色定位 [J]. 特区经济，2005（8）：114 – 115.

对绿色产品需求等几个因素对新疆天业产业共生系统稳定性都产生程度不同的积极作用。其中地方政府对新疆天业产业共生系统稳定性的影响在1%的水平下是显著的，并且其影响强度比较大①。

产业共生体在对新疆天业循环经济系统稳定性的显著性检验中，在1%和5%的水平下并不显著，在10%的水平下还是显著的。说明了循环经济共生系统稳定性取决于产业共生体的发展，产业间的合作尤为重要。本研究分析说明了现阶段新疆天业发展循环经济过程中产业内企业之间的关联性较低，使用污染企业治理污染，导致物料、能源、废弃物和副产品在产业内循环利用率较低，对环境污染较大。

最后，产业共生系统的稳定性对新疆天业生态效率存在着显著的影响作用，显著性水平达到5%。这说明新疆天业内企业自身的运行、产业间的合作以及与产业外相关机构的良好互动对于提高新疆天业经济绩效作用显著。

研究表明，生态效率和中介变量稳定性存在互动关系，不仅产业共生系统稳定性对提高新疆天业生态效率有积极的影响，而且生态效率的提高也会促进产业共生系统稳定性的提高。由于结构方程模型本身的局限性，无法将生态效率和中介变量稳定性之间的相互关系进行检验。生态效率是人文社会效益、环境效率和经济效益的综合体现。新疆天业的经济发展会为循环经济产业链的发完善提供可靠的物质保障。生态效率中的人文社会效益的提高，新疆天业员工和附近居民生态环保意识的提高、生态文明的进步将会反过来推动新疆天业循环经济转型升级的步伐。

---

① 陈林，邓伟根. 生态工业园建设与政府对策 [J]. 生态经济，2008 (2)：79 - 82.

6.8 本章小结

本章实证分析了影响新疆天业生态效率的各类因素。一是根据所研究问题的特点，选择结构方程模型作为新疆天业生态效率影响因素的研究方法；二是通过对国内外文献的总结和归纳，提出了一些研究假设，构建了企业、产业共生、社会生态文化与市场对绿色产品需求等层面因素对新疆天业生态效率的影响概念模型。三是通过问卷调查的方法获得所需的研究数据，整理数据后对概念模型使用 Amos7.0 软件进行拟合、调整和修正，得到通过验证的潜变量和相应指标之间以及体现各潜变量之间关系的优化模型。研究表明：企业、产业共生体、生态文化与市场等各种因素对新疆天业循环经济系统的产业链的稳定性和生态效率都会产生程度不同的显著性影响，而循环经济系统的稳定性又影响着新疆天业的生态效率水平。本章的研究为促进提高新疆天业的生态效率提供了理论基础。

第7章

提升新疆氯碱化工产业生态效率的路径分析

本书以新疆天业为例对生态效率进行了评价并对生态效率的影响因素进行了分析，研究目的一是从整体度量新疆天业生态效率的真实水平；二是分析判断影响新疆天业生态效率的主要因素；三是对新疆天业产业节能减排的潜力进行分析；四是从企业、产业、政府和公众参与等几个方面寻找提高新疆氯碱化工产业生态效率的路径。根据第4章新疆天业循环经济发展现状分析、第5章和第6章的循环经济模式下的新疆天业生态效率及影响因素分析，取得了完整、全面并具有启发性的研究结论，这些结论之间相互补充、逻辑一致、相互印证，形成了对新疆天业循环经济发展水平全面的认识，避免了以往研究方法的片面性，零散性和局限性。这些研究结论的现实意义是很重要的，它们为消除新疆氯碱化工产业存在的生态化技术落后，"三废"排放环境效率低等问题提供了有价值的定量分析依据。根据以上章节生态效率评价结果和相关研究结论，本节从企业、产业、政府及公众参与的层次着眼，分析整体提升新疆氯碱化工产业生态效率的有效途径[①]。

7.1 基于企业层面的提升路径

1. 实施创新驱动发展，促进企业技术进步

目前，新疆的氯碱化工企业已经从劳动密集型向资本和技术密集型转变，科学技术是保障新疆氯碱化工企业降低物耗能耗、提高综合竞争力、提高效率、实现企业转型升级的重要条件。从长远的发展趋势来看，科技是提高企业竞争力的核心，不断促进节能减排的技术进步和技术创新，是持续提升新疆氯碱化工企业整体生态效率的重要保证。新疆氯碱化工企业的平均技术水平都明显偏低，因此应大力挖潜用好现有生产技术，进行技术创新，加强技术管理，最大限度地发挥在生产中的技术能效，是整体提升新疆氯碱化工企业生态效率的现实手段。循环经济的技术创新，必须从效益型为主的创新战略向生态型的创新战略转变，加快新技术新产品新工艺研发应用，注重技术创新与实际生产的协调，加强产、学、研的合作联合开发新技术作为提高企业技术创新能力和弥补企业技术力量不足的有效手段。

持续推进、紧跟目前我国氯碱化工行业的热点技术的开发及产业化推广化应用，加强与下游企业的联动，积极拓展下游应用领域，生产多品种的特种聚氯乙烯树脂、开发聚氯乙烯专用料、主动适应不断变化市场。

创新新疆氯碱化工企业的清洁生产技术应当分别采用不同的组织管理形式，企业层面拥有重大开发项目的决策权，规划企业技

---

① 彭毅. 资源型央企生态效率提升模式研究 [D]. 武汉：武汉理工大学，2011.

发展战略；企业的技术开发中心制定具体开发项目及组织实施。企业员工的收入分配与绩效挂钩，应建立激励技术创新的机制，重奖有重大技术创新的技术人员。同时加强知识产权保护。

2. 强化企业管理，优化企业生产过程中的资源配置

通过分析新疆氯碱化工产业中的典型代表——新疆天业，发现有冗余存在资本投入中，表明在产出不变的前提下新疆氯碱化工产业存在着空间可以进一步降低其生产投入，因此应加强生产管理，强化产业生产中资源能源的投入管理，是整体提高新疆氯碱化工产业生态效率的重要措施。新疆氯碱化工产业链的横向关联性和纵向延展性、生产工艺的多环节性，为新疆氯碱化工产业发展循环经济构建网络链和科学规划创造了条件，应积极推动新疆氯碱化工产业循环经济发展模式的转型升级，不断提高其生态效率。

3. 产品向高科技含量，高附加值转变，减少环境污染和资源消耗

针对目前我国氯碱产品产能总体过剩，我国氯碱行业进入微利时代的现状，新疆氯碱化工产业应该对产品结构进行大幅度调整，淘汰落后产能，实现产品的更新换代和现有循环经济模式的转型升级，要逐步淘汰落后的生产设备，主动放弃一些盈利能力差的产品，提高产品的差别化，减少新疆氯碱化工企业之间的内耗性竞争，利用各自产业的技术领先优势，集中力量和资金进行技术开发和创新，能生产目前国内进口量大、市场需求量多的高附加值氯碱化工产品，使其成为新疆氯碱化工产业新的经济增长点。通过调整目前的产品结构，将产业未来发展的重点放在高附加价值的氯碱化工产品上，不断扩大高附加值产品市场份额，以期在新的市场分工中占据有利地位。

4. 建立履行社会责任的企业文化

建立自觉履行社会责任的企业文化，企业文化中的价值观中要充分体现社会责任，使用企业文化影响力来促使企业自觉履行社会责任。同时将履行社会责任的思想贯穿到实际的生产工作中。企业承担社会责任已经不再是一种简单的道德义务，是在众多利益相关者的强大压力下不得不承担的必要责任。管理者要认识到社会责任关系企业的持续发展，是新疆氯碱化工企业的核心竞争力，自觉地把社会责任作为企业发展的战略目标。

企业文化建设的核心是引导员工树立正确的价值观和培养良好的行为习惯。培育企业生态文化是发展循环经济重要的保障。企业的一切工作最终都需要员工来完成，各种措施也需要员工去落实。如果企业员工思想意识不转变，就只能靠考核和制度去强制员工去完成，其结果不能保证各项措施落实到位。

从企业发展循环经济的角度看，员工具有双重身份，作为社会成员，是良好的生态环境的受益者；作为员工也是企业发展的受益者。生态破坏和环境污染，企业员工同样也是受害人。作为企业员工，发展循环经济也是保障员工权利的重要措施。

循环经济理念的宣传教育是企业文化建设的重要内容。要使员工认识到，不转变目前这种"高消耗、高污染、高投入、低效益"的发展方式，经济社会将面临无法持续发展的问题。在此基础上要使员工联系自身企业的实际情况，正确理解循环经济和经济发展的关系，充分认识到"废弃物是放错了位置的资源""企业不消灭污染，污染就要消灭企业"等观念，增强新疆氯碱化工企业发展循环经济的紧迫感和危机感。

5. 实施绿色制造

严格行业准入制度、加强汞污染防治、促进上下游企业联动促进新疆氯碱化工产业实现绿色发展。新疆氯碱化工企业生产的产品应该实施绿色制造，就是事先把整个产品生命周期内的环境影响因素都进行考虑，对产品生产周期中的所有环节进行绿色设计，并进行产品制造。企业绿色制造的实行，关键是设计绿色产品，产品设计确定了，就确定了对环境的影响。企业在设计产品时不能仅仅考虑成本和功能，还必须要考虑提高产品的性能、延长产品的寿命、选择环保材料以及产品的循环使用等。设计绿色产品是深化并行工程的思想，它扩展并行工程延伸到产品的回收再利用阶段。

绿色制造在企业的实施，是一种预防性设计理念，在保证产品性能、成本和质量的条件下，以提高新疆氯碱化工产业的生态效率为目标，综合考虑资源使用效率和环境影响，通过提高氯碱化工产品在生命周期中的环境质量，预防源头上的环境污染。保证产品在整个产品生命周期中对环境产生的污染最小或不产生环境污染，减少能源和资源的消耗，提高资源利用效率。

7.2 基于产业层面的提升路径

产业网络链是连接新疆氯碱化工产业循环经济的纽带，循环经济模式是否合理关系到产业内企业资源的配置和使用能否达到效率最优。所以要提升新疆氯碱化工产业的生态效率，必须要从产业层面进行调整和优化，如生态产业链的优化、废弃物资源化产业体系的开发、绿色产业支撑体系的建立等，从而减少生产过程中的能源和资源消耗及废弃物的产生和排放。

1. 实现产业生态转型

新疆氯碱化工产业经过近 20 年的快速发展，受市场需求的拉动其生产规模不断扩大，从规划、设计、研发、推广再到评价，其技术支撑体系大部分还处在以产量为中心和以经济效益为中心的水平上。新疆氯碱化工产业生态效率的提升是一个复杂的系统工程，必须从实现产业生态化转型，对产品的生命周期进行评价，提高原材料和能源的利用效率，推进循环经济发展，提高废弃物和副产品利用效率，加大节能减排力度等方面对产业发展提出更高的要求，从而从整体上提高新疆氯碱化工产业的生态效率，增强其可持续发展的能力。从新疆天业生态效率的评价结果来看，技术效率不高影响生态效率不高的重要因素。所以，发展创新循环经济生态化技术是提升新疆氯碱化工产业生态效率的重要路径之一。

2. 重构生态产业链

重新构建新疆氯碱化工产业的生态产业链，在中观层面上需要重新设计循环经济系统的生态网络，综合考虑产业内上下游各企业之间的联系，按照其环境友好型、经济实用性和技术可行性的要求，从环境、资源和经济等几个方面对产业内的核心企业重新进行规划整合，形成相对独立的，又互利共生的产业共生网络链；同时引入高新技术，新产品，通过延伸各条生态产业链，由此形成新的经济增长点，最终从整体上提升新疆氯碱化工产业的竞争实力和生态效率。

3. 建立产业绿色技术支撑体系

新疆氯碱化工产业的绿色技术支撑体系主要包括产业技术路线规划，污染治理技术和废物利用技术等。建立新疆氯碱化工产业绿色技术支撑体系的关键是采用低毒或无害的新工艺、采用新技术和清洁技术，尽可能地减少原材料和能源的消耗，实现低投入、低污染和高产出，把其对环境排放的污染物最大限度地消化在后续的生产过程中。调整产业结构要与推行清洁技术相结合，通过清洁生产技术来实现"减污增产"的目标。在新疆氯碱化工产业发展循环经济的实践中，建立绿色技术支撑体系需要做到以下几点：一是开发清洁生产技术，实施节能降耗工程；二是开发产业链生态技术，实施生态产业工程；三是开发综合利用废弃物技术，实施废弃物利用工程。

7.3 基于政府层面的提升路径

新疆氯碱化工产业生态效率水平的提升是一个复杂的系统工程，从政府层面来分析，应采用政策、法律和法规来规范企业的经济行为，支持和保障企业发展循环经济，保障政策能贯彻实施，发挥政府在经济发展中的推动作用，促进新疆氯碱化工产业循环经济的协调发展，提高其整体生态效率。

1. 建立环境税收政策体系

新疆氯碱化工产业的高速发展造成了当地资源的过度消耗，环境污染严重，同时新疆的自然环境非常脆弱，在环境污染和资源消耗非常严重的背景下，如何保护好生态环境，是环保部门面临的一个严峻的问题。目前政府相关部门应在生态环境保护和资源节约方面充分发挥引领作用。在市场经济中，构建完善的环境税收政策，使用税收杠杆政策来促使企业节约利用资源，如征收排污税对污染环境的行为；征收资源税对开采和利用资源的行为；征收环保税对破坏生态环境的行为等，这些都是有效保护资源环境的措施。在我国建立起一些既有利于提高企业经济效益和促进生产规模扩大，又有利于资源节约和环境保护的税收政策体系。

2. 加大环保设施的财政投入

政府应鼓励新疆氯碱化工产业建立并坚持运行环保设施，这是能有效抑制日益严重环境污染的重要途径。但是由于需要投入大量资金建设环保设施，企业对无效益项目又不愿意投入，因此政府需要给予企业一定的税收和财政支持，加大对环保建设的投入，同时相关政府职能部门要积极发挥政策的引导作用，吸引外资和民间投资加大对环保建设的投入，对投入的资本和获得收益给予减免税的优惠政策。

3. 完善资源管理体制

提升资源能源的使用效率，始终把资源的合理利用和节约放在重要位置，实现优化配置资源。然而，目前在资源管理中有许多问题存在，如分配利益的机制不健全，产权不明晰等、直接影响了新疆氯碱化工产业的可持续发展。因此要综合使用各种手段与方法，提高资源的利用效率，完善地方管理资源的体制。同时要不定期地对新疆氯碱化工产业的资源利用情况进行调查和评价，制定地方资源能源开发和利用的规划，结合新疆不同地方的空间结构，提高环境和自然资源对促进地方发展氯碱化工产业的支撑作用。

4. 建立生态效率评价考核制度

目前环境污染在新疆氯碱化工各生产区域出现了不同程度的加重趋势，特别是"三废"，给当地的生产生活带来了很大的影响，如何让新疆地方政府环保部门及时看清各地各种环境污染造成的危害，必须建立一套完整科学的生态效率评价机制和评价方法，以量化具体的指标来体现新疆氯碱化工产业真实的生态效率水平，并通过对量化指标的对比分析，引导和促进新疆氯碱化工产业加快发展循环经济。企业对资源的过度开采、对当地环境的污染，如何让企业本身看清所造成的生态危机，从而推动新疆氯碱化工产业发展循环经济，那么建立循环经济的考核、评价指标体系是实现这一目标的关键。以量化的指标体现新疆氯碱化工企业循环经济的实际发展水平，并通过对量化指标的对比分析，促进和引导新疆氯碱化工企业加快循环经济发展。

5. 建立区域生态效率的创新管理机制

处理好企业和政府之间的关系是构建创新管理体制的关键。一是确定地方政府环境保护政策的底线、改变地方政府传统的考核经济发展的业绩指标、对地方政府使用资源的权利进行限制，包括约束使用土地、环境保护约束等。二是处理好政府其他部门和环境部门之间的关系。政府相关经济部门也要对环保有所重视，形成在不同环节与环保部门齐抓共管的状态。从可持续经济发展的角度来看，统一政府相关部门在环境保护与资源管理方面的职能是很有必要的，组建统一的环境保护和资源管理主管部门，建立区域生态环境保护的约束和激励机制，定期对当地企业进行生态环境影响评估。

6. 地方政府支持

新疆氯碱化工产业的形成和运行离不开地方政府管理机构的大力支持。地方政府管理部门可以从税收、资金和政策等方面对企业给予支持，促进产业内的上游企业将副产品或废弃物通过特定的生产工艺加工成可用于下游企业生产的原材料，鼓励下游企业使用上游企业产生的副产品或废弃物作为生产的原材料；同时，对产业内处理副产品或废弃物不达标的企业进行处罚，促进形成循环经济产业网络链和支持产业循环经济系统的持续有效运行。

7.4 基于公众参与的提升路径

从社会公众参与环境保护的角度来分析，新疆氯碱化工产业循环经济发展战略的顺利实施，需要社会公众承担起环境保护和资源节约的社会责任。

1. 引导公众参与环境保护

要想降低环境污染的程度，除了从企业、产业和政府的视角考虑外，还有一个重要途径就是公众参与。公众参与制度有利于促进政府、企业和公众之间的交流互动，形成相互信赖的社会氛围，是实现新疆氯碱化工产业可持续发展的重要途径。所以要加大环境保护宣传教育的力度，培育公众的生态环境保护意识，在社会中营造公众参与环境保护的氛围。建立和完善公众参与的生态环境保护制度，促进社会各阶层参与环境保护和生态经济建设。建立区域环境保护信息公开制度，保障社会公众的环境知情权。公众通过参与地方经济发展的环境影响评价等活动，实现公众对环境决策的积极参与。只有保障公众的环境知情权，参与监督的权利、发挥公众参与环境保护的主观能动性，才能较好处理区域环境保护和经济发展问题，促进当地经济社会的协调发展。

2. 培育绿色产品消费

在全社会提倡自然与消费协调发展的背景下，培育绿色产品的消费理念，进行环保、合理的消费，培育适度科学的消费心理，提高全社会的消费道德水平，并通过改变经济社会的消费方式来对新疆氯碱化工产业的发展模式产生重大影响，促进新疆氯碱化工产业发展循环经济。培育绿色产品的消费理念包含以下几个方面：转变传统的消费理念，追求健康、自然的生活方式，实现社会经济的可持续发展，关注资源节约和环境保护；消费产品和服务时应该选择无污染、无公害的绿色环保产品；重视环境保护在使用氯碱化工产品的过程中，正确处理废旧资源和废弃物，实现对废旧物资的回收再利用，减少其对生态环境的影响。

3. 公众参与

有效的社会监督和公众的参与对新疆氯碱化工产业的循环经济

发展有着重要的推动作用。地方政府经济发展政策的制定要积极鼓励公众参与，通过公示公告新疆氯碱化工企业的环境信息，对新疆氯碱化工产业生产和环境保护进行全面的社会监督。要在经济社会中推行绿色文化的环保思想，养成资源节约，环境友好的经济运行方式，坚持节约周围的资源和能源、养成保护生态环境的生活习惯，并有意识的采用环保绿色的产品。

市场的需求直接影响新疆氯碱化工企业对绿色产品的开发和生产，消费者购买绿色产品，最终形成市场的需求。市场的需求对企业绿色产品的开发和生产具有反作用力，很大程度影响企业管理者的经营理念，促使企业加强保护环境，减少污染物排放、提高氯碱化工产品的环境绩效，提高效益、减少对资源和能源的消耗。只有符合质量和环境保护标准的产品才符合市场的需求，这就促使新疆氯碱化工企业从资源节约和环境保护两个方面加强产品生产原料选择、清洁生产技术的开发、加强污染物源头治理、废旧资源的回收和循环再利用，使环境保护与经济利益紧密联系在一起。新疆氯碱化工企业的循环经济的生态化不仅体现在构建的产业网络链上，还应体现氯碱产品的绿色环保，因此，从这视角来分析，市场对绿色环保产品的需求和发展循环经济的目标是一致的。所以，市场对绿色产品的需求也是新疆氯碱化工产业循环经济发展的动力源之一。

7.5 本章小结

本章的目的是全面提高新疆氯碱化工产业的生态效率，在前面实证评价和分析新疆天业生态效率及影响因素的基础上，从企业、产业结构、政府和公众参与的视角，分析提高新疆氯碱化工产业生态效率的路径。其中企业和产业结构是提高新疆氯碱化工产业生态效率的核心，公众参与是关键，政府是保障。各种建议之间相互因果关系、共同作用，相互联系，一起组成了提高新疆氯碱化工产业生态效率的具体措施。

第8章

结论与展望

8.1 主要结论

新疆氯碱化工产业是新疆地方国民经济发展的重要支柱,目前正面临着污染环境和资源严重浪费的双重"瓶颈"制约。本书以新疆天业化工为例,从生态效率的视角分析,研究了循环经济模式下发展新疆氯碱化工产业所涉及的一些问题:评价生态效率的理论基础、生态效率理论体系研究、生态效率评价以及生态效率影响因素分析。并由此得出下列结论。

(1) 新疆天业的循环经济模式依然存在粗放经营带来的资源浪费问题,使用污染企业治理污染,造成电石渣、盐泥和焦炭粉循环利用的程度较低,产业链中的企业污染物叠加排放,是产业固废污染的主要原因。

(2) 从总体上看,新疆天业生态效率不高,表现出不断上升并波动的发展态势;虽然新疆天业的生态效率在一定程度上受企业规模变化的影响，但是提高新疆天业的技术效率是改善生态效率的有效措施；通过对新疆天业生态效率的影响因素分析发现，企业存在着比较严重的产出不足和投入拥挤现象，即新疆天业有比较大的减排和节能潜力。

（3）新疆天业内企业的管理水平、产业共生体、地方政府管理、生态文化与市场等几方面的因素对新疆天业的生态效率皆具有程度不同的积极作用。从影响程度上分析，企业管理水平、产业共生体两类因素的影响最为明显。但是，市场和文化因素作为外部环境对新疆天业的生态效率的影响无论是显著性水平还是影响强度都不理想，这一实证结果和实际状况是基本相符的。

（4）产业链共生网络系统的稳定性对新疆天业的生态效率存在着显著的影响作用。新疆天业内企业的管理水平、地方政府管理、产业共生体、市场和文化因素等几个方面对新疆天业循环经济系统稳定性都产生了程度不同的积极影响。政府对产业稳定性的影响在1%的水平下是显著性，在推动新疆天业循环经济发展的进程中起到了关键性的作用，政府的资金支持以及税收优惠等政策对于新疆天业循环经济系统的转型升级尤其重要。产业共生体在对系统稳定性的显著性检验中在1%和5%的水平下并不显著，在10%的水平下还是显著的，说明新疆天业对经济效益的追求是其发展循环经济的最为重要的动因，从社会要求企业所承担的责任来看，"企业对生态环境承担的社会责任"的重要性程度不高，循环经济产业链中企业配置不合理存在使用污染企业治理污染的情况。

（5）市场因素中"废弃物处理后的潜在及现实市场需求"是影响新疆天业转型升级的关键性力量，它在所有市场因素中占据最为突出的位置。

（6）"社区居民环境保护意识"这一个因素的影响力并不很突

出。目前，虽然社区居民已经认识到了环境保护问题的重要，但是居民的生态观念、环境保护和维权意识普遍不是很高；但是随着居民生态环保意识的不断增强，将会进一步提高其对生态绿色产品的市场需求，这最终将会进一步促进新疆天业符合外部市场需求。

（7）生态环保技术因素是发展循环经济的前提条件，但有了生态环保技术也不一定能够实现新疆天业循环经济发展模式的成功转型升级，生态环保技术仅仅是一种工具和手段。

8.2　研 究 展 望

新疆氯碱化工产业的生态效率评价研究是一个多学科相互交叉，交互渗透、理论性和实践性都很强的研究课题，尽管本研究在内容和方法上有一定程度的提高，但限于本人的理论和学识，又限于本研究的篇幅，在某些方面还应该进行细致周密的研究，因此需要在今后的学习和工作中进一步完善。

（1）本书中采用的数据包络分析模型（DEA）具有一定的局限性，DEA分析方法研究的是一种相对效率，本研究的案例是新疆天业，尽管生态效率的评价结果是有效，但并不能证明生态效率在新疆天业真正被实现了，更准确和有说服力的结果还需要更加广泛和深入的研究。

（2）在研究分析新疆天业生态效率的影响因素时，本研究利用了结构方程模型作为研究方法，并且使用了调查问卷的方法收集数据使用Amos7.0软件进行检验，验证了一些因素对生态效率的影响，并且检验了一些种类因素通过中介变量对新疆天业生态效率产生的间接影响。但研究中仍然有一定的局限性，如果从时间序列的视角来进行研究将会得到更加具有理论和实践意义的结果。然而，本研究在此用的是基于调查问卷不具有时间跨度的横截面数据，如果采用跨时期的数据来研究现实中确实存在很大的研究难度，只能留给今后的研究中去实践。我们将在以后的研究中采用面板数据（即横截面数据和时间序列数据混合的数据）对一些产业在一定时间段内各种对生态效率的影响因素进行综合研究。这样就能更准确地把握各种因素对不同产业（工业园区）的差别性影响，同时又能研究随时间推移的影响因素强度变化趋势。

总之，新疆氯碱化工产业生态效率评价和研究是不断发展的，目前研究中存在的问题是我们今后的研究方向，随着对该领域研究的不断深入，其研究成果将会逐渐得到丰富，存在问题将会得到解决。

循环经济是发展新疆氯碱化工产业的切入点，其发展循环经济在学术界的研究还处于起步阶段，循环经济是多学科的相互交叉研究，限于笔者的研究水平和能力，还有一些问题需要进一步的研究探讨，包括以下4点。

（1）新疆氯碱化工产业生态效率评价方法的应用研究。目前，国内在新疆氯碱企业生态效率评价研究方面还处于起步阶段，通过研究发现，在选择指标上，新疆天业循环经济模式的特点用一定的指标很难将其全部体现出来，因此在今后的相关研究中，可以根据研究对象的不同特点，使选择的指标更具有针对性和实用性，并增加相应的定量指标用于企业、产业（工业园区）和区域生态效率的评价研究。

（2）新疆天业生态效率评价模型的研究。通过研究我们发现，对新疆天业而言，对于生态效率不是固定不变，而是随着经济科技的不断进步，生态环境和企业的外部经营环境都在不断变化，使企业的生态效率不断地发生变化,这是一个动态的变化过程。所以,在以后研究中应该对全部的新疆氯碱化工企业做时间上的生态效率比较分析,并根据生态效率变化趋势对该行业的未来发展提出有针对性的意见。

(3) 评价新疆氯碱化工产业发展循环经济的问题。本书在循环经济发展水平与生态效率及两者之间关系基础上,测度了新疆天业的生态效率,但是没有提出对新疆氯碱化工产业发展循环经济的测度方法,有待今后进一步的完善。

(4) 生态效率在不同循环经济政策环境下的评价问题。在研究中本书将地方政府政策作为外生变量来分析其对企业发展循环经济的影响,提出了生态效率在不考虑政府政策下的评价问题。但在现实社会发展中,政府政策特别是地方政府的产业政策对产业发展举足轻重。当内生化政府政策以后,新疆氯碱化工产业的生态效率发生变化是显而易见的,在这种条件下,值得进一步探讨新疆氯碱化工产业在不同政府政策条件下的生态效率评价问题,这对制定新疆氯碱化工产业发展循环经济的政策将是一个很大的突破。

附录

新疆天业生态效率影响因素调查问卷

我们所开展的此次问卷调查旨在对影响新疆天业氯碱化工产业生态效率的各类因素进行了解,以大致掌握新疆天业氯碱化工产业生态效率的基本运行情况进而基于所获得的数据从事生态工业方面的专项研究。我们会对您所填的信息严格保密,请您在填写问卷时无须顾虑。非常感谢您对我们的工作所给予的理解和支持!

一、企业信息

1. 按循环经济要求运行的年限（ ）

（A）一年或以下；　　　（B）两至三年；

（C）三至四年；　　　　（D）四至五年；

（E）五年以上

2. 您的个人职务（ ）

（A）政府管理机构高层；　（B）企业高层管理人员；

（C）企业核心技术研发人员；（D）企业生产主管；

（E）企业一线员工；　　　（F）与企业有密切联系的高校专家；

（G）其他类型人员

3. 您的文化程度（ ）

（A）高中、中专及以下；　（B）大专；

（C）本科；　　　　　　　（D）研究生及以上

4. 您所在企业的规模：(　)

(A) 100 人以下； (B) 100～400 人；
(C) 400～800 人； (D) 800～2 000 人；
(E) 2 000～4 000 人； (F) 4 000 人以上

5. 您所在产业的成员企业个数：____个

二、新疆天业生态效率影响因素评价

以下分别从企业、企业间共生体、政府、市场与文化角度设置了可能对新疆天业氯碱化工产业生态效率造成影响的若干因素，共20个因素。请您结合新疆天业的实际情况或在循环经济领域的知识和阅历就每一个项目进行打分。评分共分为 7 个等级，1 分代表您最不同意该项目的说法即表示您认为企业在这方面的表现最差，7 分为最高分。请注意每一个项，您只能选择一个评分等级。

项目具体描述	评分等级						
	1	2	3	4	5	6	7
企业管理者有很强的社会责任感，充分意识到循环经济对于企业管理者自身及外部社会的积极意义							
员工能充分理解和认同生态效率的内涵，能积极参与企业的循环经济活动							
企业在节能技术、物质循环综合利用技术、废弃物处理技术方面具有很强的技术能力，能够满足企业清洁生产全过程的需求							
企业内部具有浓厚的组织学习氛围和良好的集体学习能力，这种能力对企业创新产生了积极影响							
企业内部研发—生产—营销、财务和人力资源各项管理流程都比较完善，企业能够在顺畅的流程下良好的从事生产运营活动							

续表

项目具体描述	评分等级						
	1	2	3	4	5	6	7
产业内共生体内具有大量物质能源流动的核心企业数量充分、具备规模经济效应，并且这些核心企业对产业内其他企业具有强有力的辐射和带动能力							
产业内共生体具有很强的产业链生态化关键技术的联合攻关能力，能够满足共生体所需的各项关键技术的需求							
产业内在空间布局规划方面很科学，产业共生体企业间的空间距离合理，不会因为物理距离妨碍企业间的交流与合作							
产业内企业间在物料、能源、废弃物和副产品的循环利用方面，其合作契约安排很合理、完备，在制度安排上有力地促进了企业间合作							
产业内产业链条数量足够多，能够及时引进"补链"，形成了产业链网络体系，这对于产业内共生体企业的发展非常有利							
地方政府在产业建设初期能给予新疆天业循环经济建设资金的直接资助，并且积极为企业解决资金难题							
政府对于企业确立了环保目标考核体系，诸如此类措施有力地激励了企业管理方在产业内全力推动循环经济建设的行为							
政府结合地方特点持续完善环保法规具体措施及实施办法，并且始终保持强有力的执行力度							
市场机制能充分发挥其效能，合理体现各类物料、能源的价格，能有效诱导企业从事循环经济活动，以节约企业各类成本开支							
社区居民有很强的生态环保意识，对各类绿色生态产品很认同，并对其有很强的消费需求							

续表

项目具体描述	评分等级						
	1	2	3	4	5	6	7
社会在文化建设方面积极倡导循环经济建设,这种宣传导向对新疆天业的发展产生了积极影响							
产业内部企业物料能源供需平衡,企业生产运营流程顺畅有序							
产业内企业间合作良好,彼此间生态化技术相互匹配,工业共生体新陈代谢顺畅,产业链网能持续完善和升级							
地方政府能够为新疆天业提供良好的信息支撑和管理服务,且这些服务是可持续的有保障的							
新疆天业的公共关系融洽,能及时有效地协调与社区及地方政府部门的关系							

三、新疆天业生态效率(描述)状况

项目具体描述	评分等级					
	1	2	3	4	5	6	7
新疆天业在经济发展方面取得了很好的成果,产业经济总量和工业增加值连年递增,达到新疆乃至全国的优秀水平							
新疆天业在运营过程中所消耗的物料、能源量始终控制在合理范围,并且实现物料能源的消耗逐年减少,同时没有给有效产出带来负面影响							
新疆天业在生产运营中所产生的废弃物和副产品能够在产业内实现循环利用,尤其是水的循环利用率逐年递增							
新疆天业在运营中废水(COD)、废气(SO_2)、固体废弃物(电石渣、盐泥和粉煤灰等)的排量在逐年减少,并且在排放前实施了有效的处理							

续表

项目具体描述	评分等级						
	1	2	3	4	5	6	7
新疆天业通过发展循环经济,促进了企业及社区居民生态意识的提升,生态文明程度的进步,取得了很好的人文发展成果							

需要您作答的题项就是这些,耽误您的宝贵时间了。再次感谢您给予我们工作的理解和支持!

参 考 文 献

中文文献

[1] 丘寿丰,诸大建.我国生态效率指标设计及其应用[J].科学管理研究,2007,25(1):20-24.

[2] 杜春丽.基于循环经济的中国钢铁产业生态效率评价研究[D].武汉:中国地质大学,2009.

[3] 贾建国,杨育,刘爱军,刘娜等.化工产业循环经济发展的一体化模式研究[J].中国科技论坛,2011,2(11):22-27.

[4] 张新力.中国电石法聚氯乙烯的发展与挑战[J].中国氯碱,2010,2:1-3.

[5] 陈勇,童作锋,蒲勇健.钢铁企业循环经济发展水平评价指标体系的构建及应用[J].干旱区地理,2009(12):82-87.

[6] 张萍,李全胜.电石法PVC发展的挑战和思路[J].聚氯乙烯,2014,4:12-17.

[7] 宗建华.聚氯乙烯:遏止电石法生产势在必行[J].中国石化,2006(8):10-11.

[8] 倪锐利,陈江.30万t/a乙烯法氯乙烯/聚氯乙烯生产工艺技术国产化开发[J].聚氯乙烯,2011,39(5):19-21.

[9] 韩钦生,孙芳.乙炔法PVC与乙烯法PVC对比[J].聚氯乙烯,2009,37(9):5-12.

[10] 中华人民共和国环境保护部，HJ476—2009．中华人民共和国国家环境保护标准，清洁生产标准氯碱工业（聚氯乙烯）［M］．北京：中国环境科学出版社，2009．

[11] 中华人民共和国环境保护部，HJ475—2009．中华人民共和国国家环境保护标准，清洁生产标准氯碱工业（烧碱）［M］．北京：中国环境科学出版社，2009．

[12] 恺峰，李朝阳．氯碱企业节水技术开发与示范［J］．聚氯乙烯，2011，39（6）：41-44．

[13] 费红丽，梁诚．横向耦合纵向延伸推进氯碱产业集群化发展［J］．氯碱工业，2014（9）：1-22．

[14] 冯琳，孙宝生．干旱区工业共生网络优化研究——以新疆石河子市为例［J］．干旱区地理，2011（3）：971-977．

[15] 赵冠民．云南NL集团公司循环经济发展模式研［D］．昆明：昆明理工大学，2013．

[16] 王志祥．电石渣浆的综合利用［J］．聚氯乙烯，2014（11）：44-46．

[17] 轩卫华，靖志国，熊新阳．国内特种PVC树脂的开发及市场需求［J］．聚氯乙烯，2014（12）：1-6．

[18] 薛之化，陈立春．国外PVC生产技术最新进展［J］．聚氯乙烯，2015，39（6）：1-14．

[19] 郝宝青．工业大项目对新疆区域经济的影响研究——以新疆石河子市天业氯碱化工项目为例［D］．石河子：石河子大学，2010．

[20] 闫军印，齐中芳，冯兰刚．基于DEA和Malmquist指数的钢铁企业生态效率研究——以河北钢铁股份有限公司为例［J］．石家庄经济学院学报，2014（5）：40-45．

[21] 周一虹, 芦海燕, 陈润羊. 企业生态效率指标的应用与评价研——以宝钢、中国石油和英国BP公司为例 [J]. 兰州商学院学报, 2011, 27 (3): 23 - 28.

[22] 陈阳. 循环经济: 实现可持续发展的有效途径——以新疆石河子市循环经济发展为例 [J]. 新疆农垦经济, 2008 (9): 25 - 29.

[23] 周丽晖, 李玉凤, 高会姣. 河北省钢铁产业生态效率评价与改进 [J]. 经济研究参考, 2015 (15): 53 - 56.

[24] 白世秀. 黑龙江省区域生态效率评价研究 [D]. 哈尔滨: 东北林业大学, 2011.

[25] 芮俊伟. 基于生态足迹的工业园生态效率评价方法研究 [D]. 南京: 南京师范大学, 2013.

[26] 王晓军. 浅谈天业循环经济发展 [J]. 石河子科技, 2013 (11): 34 - 37.

[27] 俞莅军, 刘利德, 孙海东等. 中国西部氯碱工业循环经济网络的构建和需要改进的方面 [J]. 中国氯碱, 2013 (8).

[28] 朱敏. 基于经济增加值的新疆天业业绩评价研究 [D]. 石河子: 石河子大学, 2014.

[29] 尹艳冰, 赵涛, 吴文东. 面向生态工业园的产业共生成长影响因素分析 [J]. 科技进步与对策, 2009, 26 (6): 64 - 67.

[30] 汪克亮, 孟祥瑞, 程云鹤. 技术的异质性、节能减排与地区生态效率——基于2004~2012年中国省际面板数据的实证分析 [J]. 山西财经大学学报, 2015 (2): 69 - 80.

[31] 陈勇. 基于循环经济的钢铁行业资源利用效率研究——以攀枝花钢铁（集团）公司为例 [D]. 重庆: 重庆大学, 2010.

[32] 马瑞先. 基于循环经济的企业生态化发展模式研究 [D].

哈尔滨：哈尔滨工程大学，2008.

[33] 徐建平. 再生资源回收利用网络研究 [D]. 上海：东华大学，2011.

[34] 付丽娜. 工业园的生态化转型及生态效率研究 [D]. 长沙：中南大学，2014.

[35] 陈武新，吕秀娟. 中国区域生态效率差异的实证分析 [J]. 经济纵横，2009，7：107-108.

[36] 苏芳，闫曦. 云南省循环经济发展的生态效率测度研究 [J]. 武汉理工大学学报（信息与管理工程版），2010，32（5）：791-794.

[37] 李虹，董亮. 发展绿色就业提升产业生态效率：基于风电产业发展的实证分析 [J]. 北京大学学报（哲学社会科学版），2011，48（1）：109-118.

[38] 张伟. 产业集群与循环经济的关系研究 [D]. 北京：北京交通大学，2010.

[39] 毛如柏，冯之浚. 论循环经济 [M]. 北京：经济科学出版社，2003.

[40] 刘永红，郭忠行，谢刚. 钢铁企业生态效率的DEA模型构建及应用 [J]. 太原理工大学学报，2012（1）：20-24.

[41] 房明. 水泥企业生态效率测度与评价 [D]. 大连：大连理工大学，2013.

[42] 李茜，刘宁，吴小庆等. 生态工业园工业共生网络的构建 [J]. 环境保护科学，2009，35（5）：70-72.

[43] 刁晓纯. 产业生态网络模式研究 [D]. 大连：大连理工大学，2008.

[44] 郁红. 电石法聚氯乙烯：还要不要搞？要怎么搞 [N].

中国化工报, 2014, 11-07.

[45] 楚中会. 新疆天业在电石法聚氯乙烯聚合行业的创新和发展 [J]. 石河子科技, 2015 (5): 26-28.

[46] 楚中会. 电石法聚氯乙烯聚合的发展现状与行业展望 [J]. 石河子科技, 2012, 205 (5): 26-28.

[47] 牛苗苗. 中国煤炭产业的生态效率研究 [D]. 武汉: 中国地质大学, 2012.

[48] 潘兴侠, 何宜庆, 胡晓峰. 区域生态效率评价及其空间计量分析 [J]. 长江流域资源与环境, 2013, 22 (5).

[49] 张雪梅. 西部地区生态效率测度及动态分析: 基于2000～2010年省际数据 [J]. 经济理论与经济管理, 2013 (2): 78-85.

[50] 杨文举. 基于DEA的生态效率测度——国各省的工业为例 [J]. 科学经济社会, 2009, 27 (3): 56-65.

[51] 李广明, 黄有光. 区域生态产业网络的经济分析: 一个简单的成本效益模型 [J]. 中国工业经济, 2010 (2): 5-14.

[52] 黄和平, 伍世安, 智颖飘等. 基于生态效率的资源环境绩效动态评估——以江西省为例 [J]. 资源科学, 2010, 32 (5): 924-931.

[53] 庄晋财, 黄凡, 程李梅. 企业集群生态绩效评价方法及其运用——以广西宾阳再生纸集群为例 [J]. 云南财经大学学报, 2009, 136 (2): 124-131.

[54] 诸大建, 朱远. 生态效率与循环经济 [J]. 复旦学报 (社会科学版), 2005 (2): 60-66.

[55] 何冠平. 山东铝业公司氯碱化工循环经济探讨 [J]. 氯碱工业, 2008, 44 (4).

[56] 李英. 氯碱化工企业环境风险控制研究 [D]. 天津: 天

津大学，2011.

[57] 恺峰，冯俊. 新疆天业循环经济产业链之废渣综合利用项目 [J]. 再生资源与循环经济，2010 (10)：38-41.

[58] 周军，张磊. 氯碱工业发展循环经济的理论与实践 [J]. 氯碱工业，2010 (11)：1-4.

[59] 高迎春，韩瑞玲，伶连军. 吉林省产业系统生态效率评价 [J]. 中国人口资源与环境，2011 (11)：106-110.

[60] 吴小庆，徐阳春，陆根法. 农业生态效率评价——以盆栽水稻实验为例 [J]. 生态学报，2009，29 (5)：2481-2488.

[61] 吴小庆，王远，刘宁. 基于生态效率理论和TOPSIS法的工业园区循环经济发展评价 [J]. 生态学杂志，2008，27 (12)：2203-2208.

[62] 刘宁，吴小庆，王志凤. 基于主成分分析法的产业共生系统生态效率评价研究 [J]. 长江流域资源与环境，2008，17 (6)：831-838.

[63] 冯琳. 中国西部干旱区工业循环经济建设研究——以天山北坡经济带石河子为例 [D]. 乌鲁木齐：新疆大学，2010.

[64] 胡俊梅. 循环经济理论与新疆循环经济实证分析 [D]. 乌鲁木齐：新疆大学，2006.

[65] 张培. 基于物质流分析的工业园生态效率研究 [D]. 广州：暨南大学，2011.

[66] 赵涛，阎海清，苏青福. 中国电石法PVC工业共生网络模型案例分析与比较 [J]. 价值工程，2010 (23)：10-12.

[67] 李小鹏. 生态工业园产业共生网络稳定性及生态效率评价研究 [D]. 天津：天津大学，2011.

[68] 吴金艳. 西部地区生态效率测度及其影响因素研究 [J].

学术论坛，2014（6）：70-75.

[69] 李艳. 基于产业集群的氯碱生态工业园模式与评价研究 [D]. 上海：东华大学，2010.

[70] 岳强，王鹤鸣，陆钟武. 基于总物流分析的我国钢铁工业生态效率分析 [J]. 环境科学研究，2014，27（8）：915-921.

[71] 潘兴侠. 我国区域生态效率评价、影响因素及收敛性研究 [D]. 南昌：南昌大学，2014.

[72] 闫海清. 氯碱化工产业共生网络规划与评价研究 [D]. 天津：天津大学，2010.

[73] 陈晓红，陈石. 企业生态效率差异及技术进步贡献——基于要素密集度视角的分位数回归分析 [J]. 清华大学学报（哲学社会科学版），2013（3）：148-157.

[74] 葛文. 氯碱化工行业产业生态化模式研究——以新疆天业生态工业系统为例 [D]. 上海：东华大学，2010.

[75] 孔鹏志. 我国经济系统的物质流核算与循环结构研究 [D]. 上海：上海交通大学，2011.

[76] 王正明，赵玉珍. 中国稀土产业生态效率研究 [J]. 工业技术经济，2014（12）：110-115.

[77] 郭娟. 新疆氯碱工业循环经济发展模式研究 [D]. 乌鲁木齐：新疆大学，2008.

[78] 王兆华. 生态工业园工业共生网络研究 [D]. 大连：大连理工大学，2002.

[79] 蔡洁，夏显力，李世平. 新型城镇化视角下的区域生态效率研究——以山东省17地市面板数据为例 [J]. 资源科学，2015，37（11）：2271-2278.

[80] 张亚连，张卫枚，孙凤英. 生态经济效率评价系统设

计——以制造型企业为例 [J]. 系统工程, 2011, 29 (8): 91 - 95.

[81] 黄雅婧. 氯碱化工综合废水处理及回用的研究 [D]. 南昌: 南昌大学, 2012.

[82] 段宁, 邓华, 武春友. 我国生态工业系统稳定性的结构型因素实证研究 [J]. 环境科学研究, 2006, 19 (2): 57 - 61.

[83] 劳可夫. 基于多群组结构方程模型的绿色价值结构研究 [J]. 中国人口·资源与环境, 2012, 22 (7): 78 - 84.

[84] 赵涛, 闫海清, 苏青福. 基于 AHP - FCE 的氯碱化工生态工业园综合评价 [J]. 科学技术与工程, 2011, 11 (4): 784 - 790.

[85] 曲泽静, 史安娜. 基于结构方程模型的区域自主创新能力评价: 以长三角地区为例 [J]. 科技进步与对策, 2011, 28 (16): 109 - 112.

[86] 陈祖群. 新疆循环经济发展评价及对策研究 [D]. 乌鲁木齐: 新疆大学, 2009.

[87] 岳媛媛, 苏敬勤. 生态效率: 国外的实践与我国的对策 [J]. 科学学研究, 2004, 22 (2): 170 - 173.

[88] 高昂. 循环经济物质流特征与流动规律研究 [D]. 西安: 西北大学, 2010.

[89] 朱妮, 周力, 应瑞瑶. 中国农村劳动力现代化素质的经济解释: 基于结构方程模型的实证检验 [J]. 中国科技论坛, 2011 (1): 135 - 141.

[90] 韩玉堂. 生态工业园中的生态产业链系统构建研究 [D]. 青岛: 中国海洋大学, 2009.

[91] 陈晓红, 陈石. 企业两型化发展效率度量及影响因素研

究 [J]. 中国软科, 2013 (4): 128-139.

[92] 赵涛, 阎海清, 苏青福. 中国电石法 PVC 工业共生网络模型案例分析与比较 [J]. 价值工程, 2010, 29 (23): 10-12.

[93] 潘敏倩, 黄志斌. 基于 SBM 模型的安徽省煤炭产业生态效率研究 [J]. 合肥工业大学学报: 社会科学版, 2015 (1): 36-39.

[94] 李茜, 刘宁, 吴小庆等. 生态工业园工业共生网络的构建 [J]. 环境保护科学, 2009, 35 (5): 70-72.

[95] 刁晓纯. 产业生态网络模式研究 [D]. 大连: 大连理工大学, 2008.

[96] 吴小庆, 王远, 刘宁等. 基于物质流分析的江苏省区域生态效率评价 [J]. 长江流域资源与环境, 2009, 18 (10): 890-895.

[97] 魏巍贤, 杨芳. 技术进步对中国二氧化碳排放的影响 [J]. 统计研究, 2010, 27 (7): 36-44.

[98] 刘娟, 谢家平. 企业群落生态文化研究 [J]. 科技进步与对策, 2009, 26 (20): 70-73.

[99] 商华, 武春友. 基于生态效率的生态工业园评价方法研究 [J]. 大连理工大学学报（社会科学版）, 2007, 28 (2): 25-29.

[100] 徐明, 张天柱. 中国经济系统的物质投入分析 [J]. 中国环境科学, 2005, 25 (3): 324-328.

[101] 黄和平, 毕军, 张炳等. 物质流分析研究述评 [J]. 生态学报, 2007 (1): 368-379.

[102] 徐本鑫. 低碳经济下生态效率的困境与出路 [J]. 大连理工大学学报（社会科学版）, 2011, 32 (2): 12-16.

[103] 陈金山, 朱方明, 周卫平. 生态工业园建设的政府职能分析 [J]. 重庆大学学报（社会科学版）, 2010, 16 (6): 16-21.

[104] 臧漫丹, 高显义. 循环经济及政策体系研究 [J]. 同济大学学报（社会科学版）, 2006, 17 (1): 112-118.

[105] 商华. 工业园生态效率测度与评价 [D]. 大连: 大连理工大学, 2007.

[106] 成金华, 孙琼, 郭明晶等. 中国生态效率的区域差异及动态演化研究 [J]. 中国人口·资源与环境, 2014, 24 (1): 47-59.

[107] 周守华, 吴春雷, 刘国强. 企业生态效率、融资约束异质性与出口模式选择——基于2013年世界银行公布的中国企业调查数据 [J]. 财贸经济, 2015 (10): 134-147.

[108] 商华, 武春友. 基于生态效率的生态工业园评价方法研究 [J]. 大连理工大学学报（社会科学版）, 2007, 28 (2): 25-29.

[109] 张炳, 毕军, 黄和平, 刘蓓蓓, 袁婕. 基于DEA的企业生态效率评价: 以杭州湾精细化工园区企业为例 [J]. 系统工程理论与实践, 2008 (4): 22-29.

[110] 王晶, 孔凡斌. 区域产业生态化效率评价研究——以鄱阳湖生态经济区为例 [J]. 经济地理, 2012, 32 (12): 101-107.

[111] 周慧, 李健, 宋雅杰. 城市产业共生网络的复杂性与管理模式分析 [J]. 地域研究与开发, 2011, 30 (3): 35-38.

[112] 谢雄军. 系统论视角下的园区循环经济物质流模型与实证研究 [D]. 长沙: 中南大学, 2013.

[113] 欧阳一力. 基于循环经济的玻璃产业发展模式研究

[D]．武汉：武汉理工大学，2011．

[114] 程少博．以高技术为支撑的农工——体化循环经济发展模式研究 [D]．青岛：中国海洋大学，2011．

[115] 赵书新．节能减排政府补贴激励政策设计的机理研究 [D]．北京：北京交通大学，2011．

[116] 孟昌．低碳经济转型与资源价格体制改革 [J]．价格理论与实践，2011（10）：25－26．

[117] 刘泾，刘振泽．生态文明视域下的区域经济发展研究 [J]．江淮论坛，2010（5）：18－22．

[118] 商华．生态工业园稳定性评价实证研究 [J]．科研管理，2012，33（12）：142－148．

[119] 成金华，孙琼，郭明晶，徐文赟．中国生态效率的区域差异及动态演化研究 [J]．中国人口·资源与环境，2014（1）：47－54．

[120] 戴铁军，陆钟武．钢铁企业生态效率分析 [J]．东北大学学报（自然科学版），2005，26（12）：1168－1173．

[121] 罗云．循环经济理念下的氯碱产业链构建 [J]．氯碱工业，2013，49（5）：1－5．

[122] 王金南．发展循环经济是21世纪环境保护的战略选择 [J]．环境科学研究，2002（3）：33－37．

[123] 周国梅，彭昊，曹凤中．循环经济和工业生态效率指标体系 [J]．城市环境与城市生态，2003，16（6）：201－203．

[124] 汤慧兰，孙德生．工业生态系统及其建设 [J]．中国环保产业，2003（2）：14－16．

[125] 吕彬，杨建新．生态效率方法研究进展与应用 [J]．生态学报，2006（11）：3898－3906．

[126] 诸大建,丘寿丰.作为我国循环经济测度的生态效率指标及其实证研究[J].长江流域资源与环境,2008,17(1):1-5.

[127] 丘寿丰.中国区域经济发展的生态效率研究[J].能源与环境,2008(4):8-13.

[128] 商华,商越.从生态效率角度评价生态工业园建设[J].中国新技术产品,2009(11):180.

[129] 陈傲.中国区域生态效率评价及影响因素实证分析——以2000~2006年省际数据为例[J].中国管理科学,2008(16):566-570.

[130] 李海东,王善勇."两型"社会建设中生态效率评价及影响因素实证分析——以2006~2009年省级面板数据为例[J].电子科技大学学报(社科版),2012,14(6):72-77.

[131] 王波,方春洪.基于因子分析的区域经济生态效率研究——以2007年省际间面板数据为例环境科学与管理[J].2010,35(2):158-162.

[132] 孙源远.石化企业生态效率评价研究[D].大连:大连理工大学,2009.

[133] 段玉英.基于能值分析法的生态效率构建[J].商业时代,2012,27:13-14.

[134] 李名升,佟连军.基于能值和物质流的吉林省生态效率研究[J].生态学报,2009,29(11):6239-6247.

[135] 郭晓佳,陈兴鹏,张子龙.宁夏人地系统的物质代谢和生态效率研究——基于能值分析理论[J].生态环境学报,2009,18(3):967-973.

[136] 芮俊伟,周贝贝,钱谊,孙靖.生态工业园区生态效率评估方法研究及应用[J].生态与农村环境学报,2013,29(4):

466-470.

[137] 李兵,张建强,权进民. 企业生态足迹和生态效率研究 [J]. 环境工程,2007,25(6):85-88.

[138] 王菲凤,陈妃. 福州大学城校园生态足迹和生态效率实证研究 [J]. 福建师范大学学报(自然科学版),2008,15(9):84-89.

[139] 黄娟,冯矿. 生态足迹法在上市公司财务生态效率评价中的应用研究 [J]. 财会通讯,2010(4):156-157.

[140] 李斌,陈东景. 基于生态足迹的饭店生态效率计算 [J]. 东方论坛,2011(1):98-101.

[141] 李广军,顾晓薇,王青,刘建兴,严欢欢. 沈阳市高校生态足迹和生态效率研究 [J]. 资源科学,2005,27(6):140-146.

[142] 黄建欢,杨晓光,成刚,汪寿阳. 生态效率视角下的资源诅咒:资源开发型和资源利用型区域的对比 [J]. 中国管理科学,2015,23(1):34-42.

[143] 李燕,李应博. 我国生态效率演化及影响因素的实证分析 [J]. 统计与决策,2015,33(15):140-146.

[144] 潘丹,应瑞瑶. 中国农业生态效率评价方法与实证——基于非期望产出SBM模型分析 [J]. 生态学报,2013,33(12):3837-3845.

[145] 高峰,王金德,郭政. 我国区域工业生态效率评价及DEA分析 [J]. 中国人口·资源与环境,2011,21(3):318-321.

[146] 季丹. 中国区域生态效率评价——基于生态足迹方法 [J]. 当代经济管理,2013,35(2):57-62.

[147] 亚当·斯密. 国民财富的性质和原因的研究（上册）[M]. 北京：商务印书馆，1972：12-16.

[148] 张炳，黄和平，毕军. 基于物质流分析和数据包络分析的区域生态效率评价——以江苏省为例 [J]. 生态学报，2009，29（5）：2474-2679.

[149] 李兵，张建强，权进民. 企业生态足迹和生态效率研究 [J]. 环境工程，2007，25（6）：85-90.

[150] 王恩旭，武春友. 基于超效率DEA模型的中国省际生态效率时空差异研究 [J]. 管理学报，2011，8（3）：443-450.

[151] 肖华茂. 面向区域的循环经济发展模式设计 [J]. 统计与决策（理论版），2007（14）：119-121.

[152] 王延荣. 循环经济的发展模式研究 [J]. 技术经济，2006（2）：7-9.

[153] 诸大建，减漫丹，朱远. C模式：中国发展循环经济的战略选择 [J]. 中国人口·资源与环境，2005，15（6）：8-12.

[154] 诸大建，钱斌华. 有中国特色的循环经济发展模式研究 [J]. 价格理论与实践，2006（3）：66-67.

[155] 陈作成，龚新蜀. 西部地区产业系统生态效率测评与影响因素分析 [J]. 中国科技论坛，2013（10）：49-55.

[156] 苏发东，田正义. 白银地区以氯碱为基础发展循环经济的规划 [J]. 氯碱工业，2009，45（1）：1-4.

[157] 安志明，唐红建. 发挥资源优势坚持循环经济以高新技术打造西部大型氯碱基地 [J]. 氯碱工业，2008，44（11）：1-5.

[158] 周军. 新疆天业发展循环经济模式的探讨 [J]. 氯碱工业，2007（2）：3-5.

[159] 梁诚. 国内氯碱行业实施循环经济的模式 [J]. 氯碱工

业，2007（3）：1-6.

[160] 于成学，武春友，王文璋. 基于循环经济的中国鲁北生态工业模式选择 [J]. 中国软科学，2007（6）：135-140.

[161] 刘德玉，王志. 鲁北：打造园区循环经济模式 [J]. 化工管理，2008（9）：13-14.

[162] 王志刚. 鲁北化工集团工业生态园发展循环经济概述 [J]. 中国环境管理干部学院学报，2005，15（1）：25-26.

[163] 任连保，周贤国，马欢，侯欲晓. 氯碱企业构建循环经济发展模式的探讨 [J]. 氯碱工业，2006（7）：7-10.

[164] 杨斌. 2000~2006年中国区域生态效率研究——基于DEA方法的实证分析 [J]. 经济地理，2009，29（7）：1197-1202.

[165] 邓波，张学军，郭军华. 基于三阶段DEA模型的区域生态效率研究 [J]. 中国软科学，2011，1：92-99.

[166] 安志明，张立，周军，余显军，宋斌. 电石炉气回收经济性分析 [J]. 聚氯乙烯，2013，41（6）：42-44.

[167] 高旭东. 电石路线氯乙烯生产技术新进展 [J]. 聚氯乙烯，2011，39（9）：1-8.

[168] 梁诚. 国内氯碱行业实施循环经济的模式 [J]. 氯碱工业，2007，3：1-6.

[169] 周兵. 氯碱行业产业链条设计及环境保护对策研究 [D]. 长春：吉林大学，2010.

[170] 张芸，陈秀琼，王童瑶等. 基于能值理论的钢铁工业园区可持续性评价 [J]. 湖南大学学报（自然科学版），2010，37（11）：66-71.

[171] 周军，张新力，安志明. 煤电盐化一体化：氯碱工业发

展的新亮点——以新疆天业创新推动氯碱工业发展模式为例 [J]. 新疆农垦经济, 2005 (7): 19-22.

[172] 张新力. 新形势下氯碱企业调结构转方式探讨 [J]. 中国氯碱, 2013 (12): 1-2.

[173] 诸大建, 邱寿丰. 生态效率是循环经济的合适测度 [J]. 中国人口·资源与环境, 2006, 16 (5): 1-6.

[174] 李德有. 电石法 PVC 装置技术进步前景 [J]. 聚氯乙烯, 2010, 38 (4): 1-7.

[175] 王小昌, 李国栋, 李春华. 电石法聚氯乙烯含汞废水处理 [J]. 聚氯乙烯, 2013, 41 (4): 42-44.

[176] 张鑫. 加强电石法聚氯乙烯行业汞污染防治的对策建议 [J]. 中国氯碱, 2013, 7: 1-9.

[177] 左志远. 氯碱行业的主要环境问题及对策建议 [J]. 中国氯碱, 2012, 11: 1-3.

[178] 邓科, 张定明. 中国氯碱产业发展现状及未来竞争特点分析 [J]. 氯碱工业, 2013, 49 (11): 1-15.

[179] 杨俊义. 中国氯碱行业竞争环境分析 [D]. 呼和浩特: 内蒙古大学, 2011.

[180] 朱开明, 徐福茂. 工业园区可持续发展和拥有较高竞争力的支撑要素和条件 [J]. 现代管理科学, 2005 (3): 64-66.

[181] 吴莉娜, 吴融权. 我国氯碱行业节能减排技术分析 [J]. 氯碱工业, 2013, 49 (5): 39-45.

[182] 李彩红. 化工行业循环经济的指标体系及效果评价 [J]. 工业技术经济, 2007, 26 (4): 91-93.

[183] 许乃中, 曾维华, 薛鹏丽, 东方, 周国梅. 工业园区循环经济绩效评价方法研究 [J]. 中国人口·资源与环境, 2010, 20

（3）：44-49.

［184］商化. 工业园生态效率测度与评价［D］. 大连：大连理工大学，2007.

外文文献

［1］Schwarz, E. K. Steininger. The Industrial Recycling-Network Enhancing Regional Development［J］. Research Memorandum, 1995 (4)：96-100.

［2］Lowe Ernest, John Warren. Stephen Moran. Discovering Industrial Ecology：an executive briefing and sourcebook［J］. Cleveland, OH：Battelle Press, 1997, 304-311.

［3］Chames A, CooPer W. W, Rhodes E. L. Measuring the efficiency of decision making units［J］. European Journal of Operation Research, 1978, 2（6）：429-444.

［4］Evert Nieuwlaar, Geert Warringa and Corjan Brink, et al. Supply Curves for Eco-efficient Environmental Improvements Using Different Weighting Methods［J］. Journal of Industrial Ecology, 2005, 9 (4)：85-96.

［5］Sangwon Suh, Kun Mo Lee and Sangsun Ha. Eco-efficiency：A Case from for Pollution Prevention in Small to Medium-Sized Enterprises South［J］. Journal of Industrial Ecology, 2005, 9（4）：223-240.

［6］Dominique Mime, Michele Marcotte, Yves Arcand. Food Development of Eco-efficiency Indicators for the Canadian and Beverage Industry［J］. Journal of Cleaner Production, 2006, 14（6-7）：636-648.

［7］Odum H T. . Environmental Accounting：Energy and Environmental Decision-making [J]. NY: John Wiley, 1996, 36 – 249.

[8] Pablo M J, Hubacek K. Material Implication of Chile's Economic Growth: Combining Material Flow Accounting (MFA) and Structural Decomposition Analysis (SDA) [J]. Ecological Economics, 2007, 8 (6): 24 – 32.

[9] Bringezu S. International Comparison of Resource Use and its Relation to Economic Growth: The Development of total Material Requirement, direct Material Inputs and Hidden Flows and the Structure of TMR [J]. Ecological Economics, 2004, 51 (12): 97 – 124.

[10] Hinterberger F, Bamberger K, Manstein C. Eco-efficiency of Regions: How to Improve Competitiveness and Create Jobs by Reducing Environmental Pressure. Vienna: Sustainable Europe Research Institute (SERI), 2000.

[11] Hukkinen J. Eco-efficiency as abandonment of nature [J]. Ecological Economics, 2001 (38): 311 – 315.

[12] Pattersona T M, Niccoluccib V, Bastinaonib S. Ecological footprint accounting for tourism and consumption in Val di Merse [J]. Italy: Ecological Economics, 2007, 3 – 4.

[13] Fare R, Grosskopf, Lovell, C. A. K, Yaisawamg. Derivation of shadow prices for undesirable outputs: A distance function approach [J]. The Review of Economics and Statistics, 1993, 75 (2): 374 – 380.

[14] Zhang, B. , Bi, J. , Fan, Z. , Yuan, Z. , Ge, J. Eco-efficiency analysis of industrial system in China: A data envelopment analysis approach [J]. Ecol. Econ, 2008, 68, 306 – 316.

[15] Reinhard S, Lovell C. A. K, Thijssen GJ. Econometric esti-

mation of technical and environmental efficiency: An application to Dutch dairy farms [J]. American Journal of Agricultural Economics, 1999, 81 (1): 44 – 60.

[16] Reinhard S, Lovell C. A. K, Thijssen GJ. Environmental efficiency with multiple environmentally detrimental variables: estimated with SFA and DEA [J]. European Journal of Operational Research, 2000 (121): 287 – 303.

[17] Fare R, Grosskopf S, Lovell C. A. K, Pasurka C. Multilateral Productivity comparisons when some outputs are undesirable: A nonparametric approach [J]. The Review of Economics and Statistics, 1989, 71 (1): 90 – 98.

[18] Dyckhoff H, Allen K. Measuring ecological efficiency with data envelopment analysis [J]. European Journal of Operational Research, 2001 (132): 312 – 325.

[19] Sarkis J. Eco-efficiency: how data envelopment analysis can be used by managers and researchers [J]. Proceedings of SPIE, 2001 (4193): 194 – 203.

[20] Pekka J. Korhonen, Mikulas Luptacik. Eco-efficiency analysis of Power Plants: An extension of data envelopment analysis [J]. European Journal of Operational Research, 2004 (154): 437 – 446.

[21] Kuosmanen T, Kortelainen M. Measuring eco-efficiency of Production with data envelopment analysis [J]. Journal of industrial Ecology, 2005, 9 (4): 59 – 72.

[22] Ekins P. Eco-efficiency: Motives, Drivers and Economic Implications [J]. Journal of Industrial Ecology, 2005, 9 (4): 12 – 14.

[23] Saravanabhavan S, Rao J R, Nair B U. An eco-efficient ra-

tionalized leather process [J]. Journal of Chemical Technology & Biotechnology, 2007, 82 (11): 971-984.

[24] Seppala J, Melanen M. How can the eco-efficiency of a region be measured and monitored [J]. Journal of industrial Ecology, 2005, 9 (4): 117-130.

[25] Hukkinen J. Eco-efficiency as abandonment of nature [J]. Ecological Economics, 2001 (38): 311-315.

[26] Hunter C. Sustainable tourism and the tourist ecological footprint [J]. Environment, Development and Sustainability, 2002 (1).

[27] Gossling S, Hansson C B, Horstmeier, et al. Ecological footprint analysis as a tool to assess tourism sustainability [J]. Ecological Economics, 2002 (43).

[28] Pattersona T. M, Niccoluccib V, Bastinaonib S. Ecological footprint accounting for tourism and consumption in Val di Merse, Italy [J]. Ecological Economics, 2007, 3-4.

[29] Peeters P, Schouten F. Reducing the ecological footprint of inbound tourism and transport to Amsterdan [J]. Jouranl of Sustainable-Tourism, 2006 (2).

[30] Seiji Hashimoto, Yuichi Moriguchi. Proposal of six indicators of material cycles for describing society's metabolism: from the viewpoint of material flow analysis [J]. Resources, Conservation and Recycling, 2004, 185-200.

[31] Hoffren J. Measuring the eco-efficiency of welfare generation in a national economy. Tampere University, 2001.

[32] Morioka T, Tsunemi K, Yamaxnoto Y. Eco-efficiency of Advanced Loop-closing Systems for Vehicles and Household Appliances in

Hyogo Eco-town: A Case Study of Solid Waste Management [J]. Journal of industrial Ecology, 2005, 9 (4): 205 – 221.

[33] Bjm Stigson. Eco-efficieney: creating more value with less impact. WBCSD: 1992, 5 – 36.

[34] OECD. Eco-efficiency. Organization for economic co-operation and development. Paris, France, 1998.

[35] Andrés J. Picazo – Tadeo, Mercedes Beltrán – Esteve, José A. Gómez – Limón. Assessing eco-efficiency with directional distance functions [J]. European Journal of Operational Research, 2012, 220: 798 – 809.

[36] Desimone, L. D., Popoff, F. Eco-efficiency. The Business Link to sustainable Development. 2nded MIT Press, Cambridge, MA, 1998.

[37] Lehni, M. State-of – Play – Report, World Business Council for Sustainable Development. WBCSD Project on Eco – Efficiency Metrics & Reporting, 1998.

[38] Schaltegger, S. and Burritt, R. Contenmporary Environmental Accounting. Issues, Concepts and Practice. Greenleaf, 2000.

[39] Muller K, Sterm A. Standardized eco-efficiency indicators-reportl: concept Paper. Basel, 2001.

[40] Dahlstrom K, Ekins P. Eco-efficiency Trends in the UK Steel and Aluminum Industries: Differences between Resource Efficiency and Resource Productivity [J]. Journal of Industrial Ecology, 2005, 9 (4): 171 – 188.

[41] Hoh H. Schoer K, Seibel S. Eco-efficiency indicators in German Environmental Economic Accounting [J]. Statistical Journal of the

United Nations, 2002 (19): 41 -52.

[42] Edward cohen-Rosenthal. Making sense out of industrial ecology: a framework for analysis and action [J]. Journal of Cleaner Production, 2008, 12 (1): 146-161.

[43] Lowitt. A quantitative assessment of economic and environmental aspect [J]. Journal of Industrial Ecology, 2006, 10: 239-255.

[44] World Business Council for Sustainable Development. Measuring Eco-efficiency: A Guide to reporting company Performance. WBCSD, 2000.

[45] UN (United Nations). A manual for the Preparers and users of eco-efficiency indicators. United Nations Publication UNCTAD/ITE/IPC/, 2003.

[46] Saravanabhavan S, Rao J R, Nair B U. An eco-efficient rationalized leather process [J]. Journal of Chemical Technology & Biotechnology, 2007, 82 (11): 971-984.

[47] Huppes G, Ishikawa M. Quantified Eco-efficiency: An Introduction with applications. Springer, 2007.

[48] Dyckhoff, H., K. Allen. Measuring Ecological Efficiency with Data Envelopment Analysis (DEA) [J]. European Journal of Operational Research, 2001 (13): 312-325.

[49] G. Zilahy. Organizational Factors Determining the Implementation of Cleaner Production Measures in the Corporate Sector [J]. Journal of Cleaner Production, 2004, 12: 311-319.

[50] J. Van Caneghem. Improving eco-efficiency in the steel industry: The ArcelorMittal Gent case [J]. Journal of Cleaner Production,

2010 (18): 807 – 814.

[51] Lowe, Ernest A., Moran, Steven R Holmes, Douglas B. Eco-industrial Parks A Handbook for Local Development Teams, Oakland, CA; Indigo Development, RPP International, 2005.

[52] Holly Marie Morehouse. A spatial Decision Support System for Environmentally Sustainable Communities. Ann, Arbor, MI; Dissertation for Ph. D. in Clark University, 2002.

[53] Pauline Deutz, David Gibbs and Amy Proctor. Eco-industrial Development: Potential as a Stimulator of Local Economic Development [J]. New Orleans: Annual Meeting of the Association of American Geographers, 2003, 3: 11 – 15.

[54] R. Cote, Cohen – Rosenthal. Eco-industrial-parks, Ann Arbor, Michigan: University of Michigan, International Society for Industrial Ecology Conference, 2003, June 29.

[55] Sarkis J, Dijkshoom J. Eco-efficiency of solid waste management in Welsh SMEs [J]. Environmentally Conscious Manufacturing, 2005, 45: 59 – 97.

[56] Richard Ferris. Maintaining Biodiversity in Forest Ecosystems. Journal of Applied Ecology, 1999 (6): 1074 – 1075.

[57] Gregory David Rose. Social experiments in innovative environmental Management: The Emergence of Eco-technology, Waterloo, Ontario, Canada: Dissertation for Ph. D. in Planning in Waterloo University, 2003.

[58] G. Oggioni, R. Riccardi, R. Tonine. Eco-efficiency of the world cement industry: A data envelopment analysis [J]. Energy Policy, 2011 (39): 2842 – 2854.

[59] Hua Z. S, Bian Y. W, Liang L. Eco-efficiency analysis of Paper mills along the Huai River: An extended DEA approach [J]. Omega, 2007 (35): 578 – 587.

[60] Net Regs. SME – 2003: A survey to assess environmental behaviors among smaller UK businesses. 2003 Accessed December 12, at www. netregs. gov. uk, 2004.

[61] Andersen, P. and Petersen N. A Procedure for Ranking Efficient Units in Data Envelopment Analysis [J]. Management Science, 1993, 39 (10).

[62] Charnes A. and Cooper W. Measuring the Efficiency of Decision Making Units [J]. European Journal of Operation Research, 1978, 2 (6).

[63] Charlene Sinkin, Charlotte J. Wright and Royce D. Burnett. Eco-effieiency and Firm Value [J]. Journal of Accounting and Public Policy, 2008, 27 (2).

[64] K. Charmondusit, K. Keartpakpraek. Eco-efficiency evaluation of the petroleum and petrochemical group in the map Ta Phut Industrial Estate, Thailand [J]. Journal of Cleaner Production, 2011 (19): 241 – 252.

[65] Revell A. The ecological modemization of SMEs in the UK construction industry [J]. Geoforum, 2007, 38: 114 – 126.